Liebe Mütter, liebe Väter,

als Eltern tun Sie alles, damit aus Ihren Kindern gesunde, zufriedene und selbstständige Erwachsene werden können. Eine wichtige Rolle spielen dabei auch das Vorlesen und gemeinsame Lesen. Beides ist für die Entwicklung von Kindern genauso förderlich wie gesunde Ernährung oder Bewegung! Außerdem gibt es fast nichts Schöneres für ein kleines Kind als mit Mama oder Papa zu kuscheln und dabei die neuesten Abenteuer ihrer fantasievollen Helden zu hören. Vorlesen schafft eine Atmosphäre von Vertrauen und Geborgenheit und stärkt die Bindung zwischen Eltern und Kindern. Damit es von Anfang an gelingt und allen Spaß macht, haben wir hier einige Tipps für Sie zusammengestellt:

Nehmen Sie sich Zeit
Schenken Sie Ihrem Kind beim Vorlesen Ihre volle Aufmerksamkeit, Ruhe ist dafür sehr wichtig. Die Vorlesezeit kann zu einem geliebten Ritual werden, wenn sie regelmäßig stattfindet, zum Beispiel kurz vor dem Schlafengehen, um den Tag gemeinsam ausklingen zu lassen.

Lesen Sie stimmungsvoll vor
Wenn Sie Ihre Stimme und Vorlese-Lautstärke der Handlung anpassen, erhöhen Sie die Spannung und den Zuhör-Spaß. Sprechen Sie laut, deutlich und so langsam, dass Ihr Kind Ihnen gut folgen kann.

Fördern Sie die Konzentration Ihres Kindes
Indem Sie Fragen zur Geschichte stellen, ermuntern Sie Ihr Kind, ganz genau hinzuhören. Zum Beispiel: Was ist da passiert?

Regen Sie zum Nachdenken an
Beziehen Sie durch Fragen die Alltagserfahrungen Ihres Kindes ein. Zum Beispiel: Ist dir das auch schon einmal passiert? Was würdest du machen?

Lassen Sie Ihr Kind kreativ werden
Regen Sie Ihr Kind an, die Geschichte weiterzuerzählen oder ein Bild dazu zu malen.

Wir wünschen Ihnen und Ihren Kindern wundervolle gemeinsame Momente.

Stiftung **Lesen**

Weitere Lese- und Medientipps gibt es auf www.stiftunglesen.de

Birkenstraße 10, 14469 Potsdam
Gesamtherstellung: Ullmann Medien GmbH, Potsdam

Illustrationen: Nina Hammerle

ISBN 978-3-7415-0003-9

Andrea Schütze

Wie kommt der Schlafsand in die Augen?

Schlaue Geschichten rund um den Körper

Mit Bildern von Nina Hammerle

ullmann medien

Inhaltsverzeichnis:

Vorbemerkung

In den folgenden Geschichten werden spielerisch Antworten auf Körperfragen gegeben, wobei keinerlei Garantie für die Vollständigkeit oder fachliche Richtigkeit der Angaben in den Bereichen Medizin, Biologie und Psychologie sowie deren Teilgebiete übernommen wird.

Außerdem sind natürlich alle Angaben ohne Gewähr. Ohne Gewehr übrigens auch.

1. Kann man vor Angst wie gelähmt sein?

Ameline hat den Schreck ihres Lebens bekommen. Und das kam so:

Am Samstag herrschte bei Familie Schönfeld die übliche Wochenendfaulenzerei. Alle waren spät aufgestanden und hatten getrödelt, was das Zeug hielt. Nach dem Frühstück verschwand Papa im Garten, um endlich die kaputte Schuppentür zu reparieren. Mama wuselte im Haus herum, und Johann verdrückte sich in sein Zimmer, um Musik zu hören. Ameline holte ihren Schulranzen und setzte sich an den Küchentisch, um ihre Hausaufgaben zu machen. Sie ging in die erste Klasse und musste für Montag jede Menge anmalen und ausschneiden. Die Zeit verging, und Ameline malte, radierte, schnitt und klebte.

Nach einer Weile kam Papa aus dem Garten herein und schnappte sich im Vorbeilaufen seinen Geldbeutel.

»Ich muss kurz zum Baumarkt, es sind zu viele Schrauben locker«, rief er und war verschwunden.

»Was hat Papa gesagt?«, fragte Mama aus dem Wohnzimmer.

»Bei Papa sind ein paar Schrauben locker«, antwortete Ameline.

»Aha.« Mama lachte. »Das kommt mir auch manchmal so vor.«

Da stürmte Johann mit einer schweren Tasche bepackt in die Küche. Er war im Fußballdress und dribbelte aufgeregt mit dem Ball herum, als hätte sein Spiel längst angefangen.

»Tschau«, rief er. »Bin auf dem Sportplatz; Freundschaftsspiel!«

Mit einem Knall schlug die Haustür hinter ihm zu.

»Ball ahoi«, rief Mama ihm hinterher, weil sie keinen echten Fußballergruß kannte. An Ameline gewandt sagte sie: »Hör mal, mir fällt gerade ein, dass ich Omi versprochen habe, ihr heute mit der neuen Spülmaschine zu helfen. Gebrauchsanleitung lesen und so. Macht es dir was aus, wenn ich mal kurz rübergehe? Ich bin in einer halben Stunde wieder da.«

»Darf ich so lange fernsehen?«, fragte Ameline. Sie setzte ihren Hundeblick auf und bettelte: »Biiitte, Mama!«

»Meinetwegen«, sagte Mama und zog die Haustür ins Schloss.

Ameline kuschelte sich in Papas Fernsehsessel und schaltete den Kinderkanal ein.

Es war still im Haus.

Niemand räumte auf, lief herum, quatschte oder machte Musik. Ameline atmete tief durch. Einmal ganz alleine zu sein und ihre Ruhe zu haben, fand sie gar nicht schlecht. Und als sie feststellte, dass gerade ihre Lieblingssendung lief, war Ameline richtig glücklich. Wie gebannt starrte sie auf den Fernseher und vergaß alles um sich herum.

Und da passierte es.

Zuerst hörte Ameline nur ein dumpfes Poltern. Irritiert blickte sie kurz auf.

Sie horchte.

Nichts.

Bestimmt hatte sie sich nur verhört. Ameline konzentrierte sich wieder auf ihre Sendung. Leise summte sie eine Melodie mit.

Da hörte sie es wieder: Das Poltern wiederholte sich! Und jetzt konnte Ameline noch etwas anderes hören. Ganz deutlich sogar.

Es waren Schritte!

Sie kamen aus dem Keller.

Amelines Herz begann zu klopfen.

Die Schritte klangen schwer und dumpf. Tump, tump, tump, machten sie. Ameline wagte kaum zu atmen.

Wer konnte das denn sein? Es war niemand außer ihr im Haus. Johann war auf dem Fußballplatz, Papa im Baumarkt und Mama bei Oma. Ameline war doch ganz alleine!

Jetzt konnte sie den Klang der Schritte sogar verfolgen. Ja, jemand schien durch den Keller zu laufen und ging direkt zur Treppe, die nach oben führt!

Mit großem Entsetzen hörte Ameline, wie die Schritte sich näherten. Treppenstufe für Treppenstufe. Tump, tump, tump. Amelines Gedanken überschlugen sich. Die Tür zum Keller war nur ein paar Meter vom Wohnzimmer entfernt. Ameline brauchte bloß den Kopf zur Seite drehen, um genau daraufzublicken.

Hilfe, Hilfe, dachte sie. Mama! Was soll ich tun?

Mit einem Mal wurde ihr sonnenklar, dass ihr nur noch wenige Sekunden blieben, bis der Unbekannte oder das Monster die Tür aufstoßen und direkt bei ihr im Wohnzimmer stehen würde. Denn mittlerweile waren die Schritte ganz oben auf der Treppe angekommen.

Plötzlich bekam Ameline eiskalte Hände. Sie spürte, wie ihr am ganzen Körper prickelnd und juckend der Schweiß ausbrach. Ein kalter Schauer lief Ameline den Rücken hinunter, als hätte ihr jemand Schnee in den Kragen gestopft. In ihren Ohren rauschte es laut im Rhythmus ihres Herzschlags. Schuschumm, schuschumm, schuschumm. Hektisch atmete Ameline ein und aus.

In ihrem Kopf war nur ein einziger Gedanke: Schnell! *Wegwegweg!* Du bist schneller an der Terrassentür als das Monster bei dir! Du kannst es noch schaffen!

Doch Ameline war völlig durcheinander vor lauter Panik und konnte überhaupt nichts tun. Und auf einmal musste sie auch noch ganz dringend aufs Klo!

Aus dem Augenwinkel sah sie, wie sich die Türklinke bewegte. Ameline hatte schreckliche Angst. Sie fürchtete sich wie noch nie in ihrem Leben.

Lauf, renn weg, *schnellschnellschnell*!, rief es in ihrem Kopf wieder.

In diesem Moment wollte Ameline schreien und aufspringen.

Doch was war das?

Keinen Ton brachte sie heraus, obwohl sie ihren Mund weit aufgerissen hatte. Außerdem fühlte sie sich mit einem Mal ganz schwach und ungeheuer kraftlos. Es kam ihr vor, als hätte sich etwas Schweres, Kaltes wie eine Decke auf ihre Beine gelegt und hielte sie fest in den Sessel gepresst. Ameline konnte sich nicht mehr bewegen.

Sie spürte ihre eigenen Beine nicht! Gefühllos und gleichzeitig tonnenschwer waren sie geworden; ganz so, als würden sie nicht länger zu ihrem Körper gehören!

Wie gelähmt saß Ameline hilflos in Papas Fernsehsessel und konnte überhaupt nichts tun. Weder um Hilfe rufen, noch flüchten.

Was für ein schreckliches Gefühl! Wer auch immer jetzt aus dem Keller trat, Ameline konnte einfach nicht wegrennen, sosehr sie es auch wollte. Ihre Beine rührten sich nicht von der Stelle.

Und genau in diesem Augenblick flog schwungvoll die Kellertür auf.

Ameline wollte wegschauen, aber sie schaffte es nicht mal, die Augen zusammenzukneifen. Sie hielt die Luft an und hoffte, dass sie wie durch ein Wunder plötzlich unsichtbar geworden sei.

Plopp, machte es hinter der Kellertür, als eine Kaugummiblase platzte. Dann trat ihr Bruder ins Zimmer. Johann! Es war nur Johann!

»Hab was vergessen«, murmelte er kauend und schlurfte nach oben in sein Zimmer.

Zitternd stieß Ameline die angehaltene Luft wieder aus. Eine Zeit lang dachte sie gar nichts und horchte nur auf das Rauschen und Dröhnen in ihrem Kopf. Allmählich verschwanden die Geräusche. Langsam beruhigte sich ihr Herz. Schritt für Schritt kehrte auch das Leben wieder in die erstarrten Beine zurück. Doch sie schmerzten, wie bei einem Muskelkater nach einer langen Wanderung. Ameline fuhr mit ihrer Zunge im trockenen Mund umher. Jetzt hatte sie sogar wieder etwas Spucke.

»Oberblöder Doofmann«, raunzte sie leise. Ihre Hand an der Fernbedienung zitterte, als sie den Fernseher ein wenig lauter stellte. Dann schaute sie weiter fern. Aber so richtig Spaß machte es nicht mehr. Denn ein Gedanke ließ Ameline keine Ruhe: Wie konnte es sein, dass sie sich wirklich und wahrhaftig für einen kurzen Moment nicht hatte bewegen können, obwohl sie es doch so sehr gewollt hatte?

Abends beim Insbettbringen fragte Ameline Mama nach einer Erklärung.

»Hm«, überlegte Mama, »ich kenne das aus dem Tierreich«, erklärte Mama. »Man hat herausgefunden, dass vielen Tieren ein sogenanntes Schreckverhalten angeboren ist. Das heißt, ein Tier reagiert im Notfall ganz automatisch auf eine spezielle Art und Weise. Wenn eine Bedrohung zum Beispiel sehr stark ist, tun manche Tiere genau das, was dir heute passiert ist: Sie fallen in eine Angstlähmung. Man kann es auch Totstellreflex nennen. So was ist eine echt sinnvolle Sache, denn die meisten Raubtiere reagieren nur auf Bewegung und Geräusche.«

»So ähnlich mache ich es auch beim Versteckenspielen«, fiel Ameline ein. »Wenn der Sucher ganz nah an meinem Versteck vorbeigeht, halte ich sogar die Luft an.«

»Na siehst du«, sagte Mama. »Aber dass sich Menschen bei Gefahr tot stellen ist eher die Ausnahme, weil man in den meisten Situationen durch Nachdenken und schlaues Verhalten einen viel besseren Ausweg findet.«

»Ich habe auch nachgedacht«, erwiderte Ameline. »Wie verrückt sogar. Dann wollte ich abhauen, zur Terrassentür raus …«

»Was ich übrigens sehr schlau finde«, sagte Mama.

»… aber es ging ja nicht. War ich echt gelähmt? So wie ein Rollstuhlfahrer?«, fragte Ameline.

»Überhaupt nicht, denn zum Glück hat deine Lähmung nur ein paar

Sekunden gedauert. Nein, deine Starre gehört zu einem Notfallplan deines Nervensystems, um dich zu schützen. Ich erklär's dir: Als dein Körper gemerkt hat, wie wahnsinnig groß deine Angst war, hielt er es für eine gute Idee, dich ruhigzustellen, um dich zu schützen. Damit dich niemand in dem großen Sessel entdecken konnte. Damit du einfach übersehen wirst. Vom bösen, bösen Johann nämlich, der eines Tages noch seinen Kopf vergessen würde, wenn der nicht angewachsen wäre«, sagte Mama lächelnd und deckte Ameline gut zu.

»Was glaubst du, wie ich mich erst erschrocken hätte, wenn Johann wirklich ohne Kopf aus dem Keller gekommen wäre«, sagte Ameline.

Und darüber müssen beide lachen, obwohl die Vorstellung eigentlich ziemlich gruselig ist.

2. Können Erbsen in der Nase anwachsen?

Hallo! Ich heiße Niklas. Soll ich dir mal was Spannendes erzählen? Bei uns war heute nämlich eine Menge los.

Als ich nach Hause gekommen bin, habe ich Mama von meinem Schultag erzählt. Bald komme ich schon in die vierte Klasse. Na ja, vorher muss ich noch in die dritte und zweite gehen, aber ist ja jetzt auch egal …

Ich habe also erzählt, Mama hat dabei gekocht, und mein kleiner Bruder Tim ist auf dem Fußboden herumgekrabbelt. Und hat dabei alles in den Mund gesteckt, was er finden konnte. Auch meine Sandalen, Krümel, Staubflusen, das heruntergefallene Geschirrtuch und einen Kugelschreiber. Es hat ihm scheinbar gut geschmeckt, weil er zufrieden vor sich hin gegurrt hat. Mama fand Timmis Naschereien nicht so toll und hat ihm das Geschirrtuch, den Kugelschreiber und die Sandalen wieder weggenom-

men. Sie hat ihm auch in seinen winzigen Mund gefasst und die Staubflusen rausgepopelt. Tim hat protestiert und angefangen zu heulen.

Da habe ich schnell mit den Zehen gewackelt. Schon hat er wieder gelacht und nach meinem Fuß gegrapscht, um sich meine große Zehe in den Mund zu stecken.

Dann hat er zugebissen.

Und weil Timmi wie ein Hamster oben und unten schon zwei Zähne hat, tat das so höllisch weh, dass ich schreien musste und ihm blitzschnell die Zehe wieder aus dem Mund gezogen habe. Sofort hat auch Timmi angefangen zu heulen, aber nicht vor Wut, sondern weil seine Lippe geblutet hat. Von meinem Zehenrausgerupfe.

Das habe ich natürlich nicht gewollt, und Timmi hat mir echt leidgetan. Mama hat ihn auf den Arm genommen und getröstet. Mit dem anderen Arm hat sie im Eisfach gekramt und eine Schachtel gefrorene Erbsen gefunden. Davon hat sie ein paar in eine kleine Plastiktüte gefüllt. Alles einhändig! Tim hat geplärrt und mit seiner Schnodder-Blut-Mischung Mamas T-Shirt vollgeschmiert.

Ich habe währenddessen meine Zehe untersucht, die ganz schön was abgekriegt hat. Man konnte leider überhaupt kein Blut entdecken, aber weh tat es trotzdem!

Mama hielt Timmi die Tüte mit den kalten Erbsen an die Lippe, und wie durch ein Wunder hörte er sofort auf zu weinen. Stattdessen fing er an, nach der Tüte zu grapschen und quiekend damit herumzufuchteln. Kein Baby kann so schnell zwischen Lachen und Weinen umschalten wie mein kleiner Bruder, ehrlich.

Mama hat versucht, ihm die Tüte wieder aus der Hand zu nehmen, aber Tim hatte beide Hände fest hineingekrallt. Mama hat einfach eine neue Tüte mit Erbsen gefüllt.

Dann hat sie Timmi schnell auf meinen Schoß gesetzt und mir die Kühlpackung in die Hand gegeben.

»Vorsichtig auf die Lippe drücken«, hat sie gesagt und versucht, den Reis vor dem Anbrennen zu retten. Das hat aber nicht geklappt. In der Küche hat es eklig gerochen, und Mama musste ganz schnell das Fenster öffnen, damit der Rauchmelder nicht anspringt. Der fiept nämlich so laut, dass einem davon glatt die Ohren abfallen.

Es war übrigens gar nicht so einfach, dem zappelnden Timmi die Erbsentüte auf den Mund zu pressen, weil er sie mit seinen kleinen Ärmchen immer wieder ärgerlich zur Seite geschoben hat.

»Er will das nicht, dann kann's doch auch nicht so schlimm sein, oder?«, habe ich Mama gefragt.

Mama hat sich Tims Lippe noch mal genau angesehen. Es kam kein Blut mehr, also hat sie ihn wieder auf den Boden gesetzt. Und weil der Reis angebrannt war, hat Mama einfach die restlichen Erbsen aus dem Karton in einen Topf geschüttet. Tim war inzwischen unter den Tisch gekrabbelt und hat angefangen, mit irgendwas zu spielen. Er war ganz ruhig und zufrieden. Mein schlechtes Gewissen war ruckzuck wieder weg.

Nach einer Weile hat Mama Fischstäbchen, Erbsen und Gurkensalat auf unsere Teller verteilt. Für Tim gab es eine Quetschkartoffel mit Butter.

»Timmi, komm zu Nicki. Ham, ham! Hmmm, lecker!«, habe ich ihn gelockt und vorsorglich meine Zehen eingezogen.

Doch mein kleiner Bruder hat überhaupt nicht reagiert, obwohl er eigentlich immer Hunger hat. Unter dem Tisch war es verdächtig still.

Das Komische an meinen Eltern ist, dass es ihnen immer zu laut ist, wenn mein kleiner Bruder und ich toben und raufen. Aber kaum tobt und rauft ein Kind mal nicht, ist es ihnen auch wieder nicht recht. Plötzlich ist Mama nämlich mit dem Kartoffelmatsche-Teller in der Hand wie angewurzelt stehen geblieben.

»Tim ist so ruhig, da stimmt doch was nicht«, hat sie gesagt. Dann hat sie sich gebückt und ist unter den Küchentisch gekrochen.

Ich natürlich nichts wie hinterher.

Und da hat er gesessen.

Zufrieden und glücklich war Timmi dabei, sich eine tiefgefrorene Erbse nach der anderen in die Nase zu stecken. Den Mund hatte er weit aufgerissen. Um Luft zu bekommen, weil in der Nase ja die Erbsen steckten. Stolz hat er uns angegrinst.

»Da, da«, hat er gesagt und wollte mir auch eine Erbse geben.

»Oh Himmel«, hat Mama geflüstert.

Ich musste fast lachen, weil ich erst mal gar nicht kapiert habe, was an Timmis Spiel so Oh-Himmel sein sollte. Ganz langsam und behutsam hat Mama meinen Bruder unter dem Tisch hervorgezogen.

»Er darf sich auf keinen Fall erschrecken, sonst atmet er die Dinger noch ein«, hat Mama vor sich hin gemurmelt. Dann hat sie Tim in seinen Hochstuhl gesetzt und versucht, ihm die Erbsen wieder aus der Nase zu pulen. Tim wollte seine Erbsen aber behalten und wurde ziemlich sauer wegen Mamas Pusselei. Schließlich hat er angefangen zu weinen, aber in einem Nasenloch steckte noch eine Erbse. Sehr tief hinten.

»Wenn sie aufgetaut ist, kommt sie als grüner Riesenpopel wieder raus«, habe ich gesagt, um Mama zu beruhigen.

Aber Mama hat das nicht sehr überzeugt, und deswegen ist sie mit Timmi schnurstracks in die Kinderklinik gefahren. Wenn ich nicht einfach mit ins Auto gestiegen wäre, hätte sie mich glatt zu Hause vergessen!

Mein Bruder hat natürlich einen Brüllanfall bekommen, als die Ärztin mit einer silbernen Zange auch nur in die Nähe seiner Nase gekommen ist. Aber sie hat die Erbse schließlich doch rausbekommen. Mama hat Tim sofort einen Schnuller in den Mund gestopft, und mein Bruder ist nuckelnd eingeschlafen.

Bevor die Ärztin wieder verschwinden konnte, habe ich sie gefragt, ob die Erbse, wenn sie dringeblieben wäre, Wurzeln bekommen hätte und gewachsen wäre.

»Du hast Glück, dass du ausgerechnet mich das fragst«, hat sie gesagt und gelacht, »wenn ich nicht Ärztin geworden wäre, dann nämlich ganz bestimmt Gärtnerin. Deshalb weiß ich auch zufällig Bescheid über Erbsen: Erstens war die Nasenerbse von deinem kleinen Bruder ja schon gekocht und ist zusätzlich auch noch eingefroren gewesen. Selbst wenn du sie also in einen Blumentopf gepflanzt hättest, wäre sie nicht angewachsen, weil der Keim in der Erbse nicht mehr lebendig war.«

»Und zweitens?«, habe ich gefragt.

»Zweitens braucht jeder Pflanzensamen eine ganz bestimmte Umgebung, damit er keimen, also wachsen kann. Erbsensamen zum Beispiel brauchen Wasser, Wärme, Luft und Dunkelheit.«

»Das gibt's doch alles in Timmis Nase!«, habe ich gerufen. »Die läuft sowieso immer, also ist da Wasser. Die Luft kommt vom Einatmen, und warm und dunkel ist es sowieso!«

Die Ärztin hat gegrinst. »Gut aufgepasst. Alles in allem herrschen in Tims Nase ideale Pflanzbedingungen, was?«, hat sie gesagt.

»Genau«, habe ich geantwortet.

»Tja«, hat sie herumgedruckst, »was soll ich sagen? Leider hast du tatsächlich recht. Wenn es also eine getrocknete Erbse, also eine, die noch einen lebendigen Samen hat, gewesen wäre und sie lange genug in der Nase festgesteckt hätte, dann wäre es tatsächlich möglich gewesen, dass sie einen Keim bildet. Aber schon alleine, weil eine Erbse durch die Feuchtigkeit anschwillt, wäre das ziemlich unangenehm und würde scheußliche Schmerzen verursachen. Außerdem wehrt sich der Körper nicht nur gegen Viren und Bakterien, sondern auch gegen komische Eindringlinge wie keimende Erbsen. Dein Bruder hätte ruckzuck Nasenbluten und eitrigen Schnupfen bekommen.«

»Armer Timmi!«, habe ich gesagt.

Die Ärztin hat genickt und weiter erklärt: »Bei Erbsen ist es wie bei den meisten Samen auch: Um Wurzeln bilden zu können, brauchen sie Erde. Der Keim wäre auf der Suche nach Erde immer länger geworden, und bis dahin hätte man schon längst etwas gegen die Erbse unternommen.«

Dann hat sich die Ärztin zu mir heruntergebeugt und geflüstert: »Es gab aber in Amerika einmal einen Mann, der hatte eine getrocknete Erbse eingeatmet! Und die keimte dann in seiner Lunge! Der Mann kam ins Krankenhaus, weil er einen seltsamen Husten hatte. Die Ärzte haben nicht schlecht gestaunt, als sie die Erbse fanden. Es war Rettung in letzter Minute! Beinahe hätte die Lunge aufgehört zu funktionieren, weil der Körper es gar nicht leiden kann, wenn etwas in ihm wächst, das da nicht reingehört.«

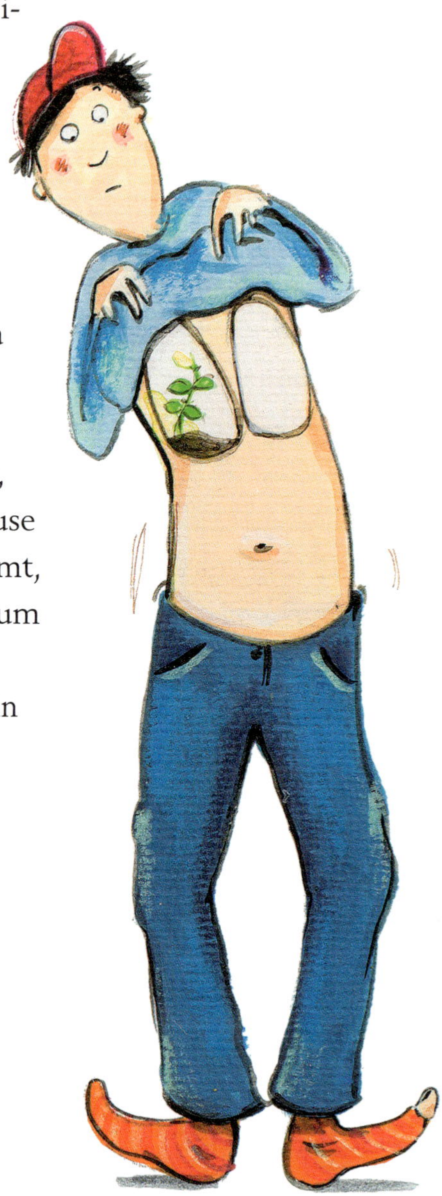

Und weil Timmis Erbsenaktion den ganzen Nachmittag gedauert hat, war es schon fast Zeit, ins Bett zu gehen, als wir endlich wieder zu Hause waren. Mama hat mir das Mittagessen aufgewärmt, eine Geschichte vorgelesen und mich dann zum Zähneputzen ins Bad geschickt.

Und was ich da erlebt habe, erzähle ich euch in der nächsten Geschichte!

3. Woher kommen Papas Bauchnabelflusen?

Ich bin's noch mal, Niklas. Der mit dem Erbsenbruder.

Nach der Sache mit Timmi war mein Tag noch lange nicht vorbei. Es geschah noch etwas. Zum Glück war es diesmal aber eine echt witzige Sache. Achtung, hier kommt sie:

Als ich im Bad gerade dabei war, meinen Schlafanzug anzuziehen, ist Papa nach Hause gekommen. Im Bad hat er sich aus seiner Anzugjacke gepellt und sich die Krawatte aufgeknotet. Das macht er immer als Erstes, wenn er von der Arbeit kommt. Ich habe ihm gerade das komplette Erbsendrama haargenau und in allen schauerlichen Einzelheiten erzählt, als Papa sich sein Hemd über den Kopf gezogen hat. Er hat es in den Wäschekorb geworfen und sich dann wieder zu mir umgedreht.

Und da habe ich es gesehen!

In seinem Bauchnabel hat es gesteckt.

Es war klein und rund.

Das konnte ja wohl nicht wahr sein! War das etwa eine Erbse?

»Mama«, hab ich gerufen, »komm schnell, Papa hat sich was in den Bauchnabel gesteckt!«

Papa hat erstaunt auf seinen Bauchnabel geguckt und gegrinst.

»Meinst du das?«, hat er gefragt und aus seinem Bauchnabel eine Riesenfluse hervorgeholt. Sie war ungefähr so groß wie eine Erbse, nur grau.

In dem Moment kam Mama ins Bad gestürzt und hat gejapst: »Nicht du auch noch!«

Aber Papa hat abgewinkt und gemeint: »Keine Sorge. Ist nur eine harmlose Bauchnabelfluse«, und da ist sie erleichtert wieder rausgegangen.

»Bauchnabelfluse?«, habe ich nachgefragt und das Knöllchen zwischen meinen Fingern hin und her gerollt.

»Hat jeder«, hat Papa gesagt.

»Ich nicht. Und Mama auch nicht. In ihrem Bauchnabel wäre gar kein Platz für eine so große Fluse.«

»Stimmt«, hat Papa gesagt, »Mama hat einen Knubbelnabel. Meiner ist mehr wie eine Höhle, darin kann ich die Flusen sammeln.«

»Du sammelst die?«, habe ich gefragt. »In deinem Bauchnabel?«

»Klar, ist doch sehr praktisch.«

»Komisch«, habe ich gesagt, »die Dinger sind mir bei dir noch nie aufgefallen.«

»Ich habe sogar jeden Tag zwei. Abends eine und morgens eine«, hat Papa gesagt und dabei richtig stolz geklungen.

Natürlich wollte ich wissen, wo er die herbekam.

»Die bestelle ich im Internet«, hat Papa ganz ernst geantwortet.

»Und wozu?«, habe ich gefragt.

»Damit will ich eine Kissenhülle füllen.«

»Quatsch!«, habe ich gemeint, weil ich schließlich wusste, dass in Kissen Federn drin sind oder weißes Wattezeug. Jedenfalls keine Bauchnabelflusen!

Da hat Papa zugegeben, dass das Quatsch war. Bauchnabelflusen könne man natürlich nicht im Internet bestellen. Die würde er schon noch selbst hinkriegen!

Da habe ich an meine Stirn getippt und »Ha, ha« gesagt. Ich konnte Papa aber auch gar nichts mehr glauben.

»Doch«, hat er gemeint. »Die Sache ist die: Wenn man auf dem Bauch Haare hat, und das haben viele Männer, dann haben sie meistens auch Bauchnabelflusen. Die Haare reiben nämlich an der Kleidung und raspeln davon lauter kleine Fasern ab. Die wandern dann zusammen mit Hautschüppchen und Körperfett an den Bauchhaaren entlang und plumpsen in den Nabel. Dort verklumpen sie sich, und man kann sie morgens und abends ernten.«

»Und wie viele hast du schon geerntet?«, habe ich gefragt.

»Erst eine«, hat er geantwortet. »Ich habe ja gerade eben erst mit dem Sammeln angefangen. Und weißt du was?«, meinte Papa. »Irgendwo hab ich mal gelesen, dass jede Bauchnabelfluse ungefähr anderthalb Gramm wiegt. Wenn ich also ein Sofakissen vollfüllen wollte – lass mich mal rechnen … hm …« Papa musste eine Weile nachdenken.

»Ich hab's«, hat er dann gesagt. »Nehmen wir mal an, die Füllung eines kleinen Kissens wiegt ungefähr dreihundert Gramm; zwei Bauchnabelflusen pro Tag, also eineinhalb plus eineinhalb Gramm, ergeben insgesamt drei Gramm; dreihundert Gramm Kissen geteilt durch drei Gramm Fluse macht hundert. Wenn man also hundert Tage lang jeden Tag zwei Bauchnabelflusen sammelt, ist das Kissen voll. Es wird bestimmt nicht so fluffig und plüschig wie mit einer Federfüllung, aber immerhin …«

Ich fand die Idee superklasse und habe gesagt: »Wäre das nicht ein prima Weihnachtsgeschenk für Mama? Und den Bezug machen wir erbsengrün!«

Da hat Papa gelacht und gemeint, mit so einem Geschenk würde Mama den heutigen Erbsendramabauchflusentag garantiert nie wieder vergessen.

Und ich sicher auch nicht!

4. Müssen alle Menschen pupsen?

Das ist wirklich eine gute Frage. Und die Antwort ist ganz einfach. Sie steckt in diesem Gedicht über das Pupsen.

Pups

Anders als normale Luft,
hat ein Pups speziellen Duft.
Dieses Gedichtchen handelt von einem!
Kannst du ihn riechen? Fast könnt man's meinen …

Wie war das Mittagessen lecker,
Gemüse, Speck und Brot vom Bäcker!
Bauer Frieder hat's genossen,
doch was kommt da hervorgekrochen?
Prommpatatomm, paromm! Hast du so was je gerochen?
Ein Pups kracht donnernd aus der Hose,
das war'n die Bohnen aus der Dose!
Frieder wedelt mit der Hand:
»Potzteufel, was für ein Gestank!«

Der Pups jedoch, er findet's toll,
fragt sich, was er jetzt machen soll.
Schließlich war er lang gefangen,
ist nur im Dunklen rumgehangen.
Der Pups beschließt, sich umzusehen:
»Warum nicht mal auf Reisen gehen?
Statt einfach nur so zu verpuffen,
könnt ich die ganze Welt beduften!«

Frau Postbotin kommt mit dem Rad daher,
Pups hüpft auf den Lenker. Das war nicht schwer.
Gegen den Wind muss die arme Frau radeln.
Sieh nur, die Muskeln an ihren Waden!
Da hebt sie den Popo flugs aus dem Sattel,
Frraaa-tra-tra-traaa!, entfährt ihm Geknattel.
»Ah, gut!«, ruft die Postbotin, »der hat gestört.
Hier draußen hat's ja niemand gehört!«

Schon hat der Pups einen Freund gefunden:
Pups und Furz, die zwei Vagabunden.
Zusammen stinken sie durch die Stadt,
haben den Trubel aber bald satt.
Am Hafen sehen sie einen Haufen Matrosen,
die auf die nächste Seefahrt anstoßen.

Auf ihrem Schiff, da steht eine Kuh,
macht vergnügt »Muh!« und lächelt dazu.
Außerdem, ihr werdet's ahnen,
Mottttorrrotonk! – pupst sie zum Gotterbarmen!
Die Matrosen lachen grölend,
der Kapitän beschwert sich nölend:
»Was macht die Kuh denn hier an Bord?
In Indien muss sie wieder fort!«

Pups und Furz sitzen auf der Kuh,
die Kuh pupst den beiden zwei Freunde dazu.
Ach Kinder, ist das Leben schön,
als Pups auch mal die Welt zu sehn.
Ein Glitzerdelfin springt aus dem Meer,
macht einen Pups, fffliiiitsch!, er stinkt bis hierher.
Freche Möwen fliegen lachend vorbei,
patsch!, auf der Kuh landet: Möwenbrei.

Die Pupse sind wunderbar zufrieden,
sie stinken gemeinsam und riechen verschieden!
Sie miefen zusammen nach faulendem Hecht,
den Seemännern wird vom Gestank schon ganz schlecht.
»Land in Sicht!«, brüllt ein Matrose an Deck.
»Hurra«, ruft die Mannschaft, »die Kuh kommt weg!«

Die Kuh und die Pupse schlendern an Land.
Was dann passiert, ist allerhand:
Die Menschen verneigen sich still und betroffen,
als hätten sie noch nie ein paar Pupse getroffen!
Ach Pupse, es geht grad nicht um euch viere.
In Indien sind Kühe heilige Tiere!
»Glückwunsch«, sagen die Pupse zur Kuh,
die furzt nur und wedelt den Schwanz dazu.

Die Pupse wollen ans Meer zum Baden,
da wird eine Prinzessin vorbeigetragen.
Sie sitzt in der Sänfte und winkt wie wild,
als etwas aus ihrem Kleidchen quillt.

Pffüüüt!, macht das Püpschen, es ist ja noch klein.
»Ups«, sagt die Prinzessin und riecht nicht mehr fein!

Vier Pupse und das kleine Püpschen
suchen nachts zum Schlafen ein Stübchen.
Sie latschen einem Schwein hintendrein,
und treten in eine Art Stall mit Flügeln ein!
Hundert Schweine im Flugzeug, das ist mal sicher,
pupsen und grunzen mit großem Gekicher.
Pfruut! Pfroot! Pifferipfeng!,
für Pupse und Püpschen wird's ganz schön eng!
Die Stewardess bittet den Gurt zu benutzen,
und während des Fluges nicht mehr zu furzen.
Das Flugzeug erhebt sich hoch in die Luft,
ach, hätten die Pupse das nur gewusst!

Denn: Am nächsten Morgen sind Pupse und Viecher
wieder daheim auf der Weide vom Bauern Frieder!

Die Schweine erzählten den Kühen bald,
»In Indien ist es gar nicht kalt!«
Und als sie sagten: »Dort seid ihr heilig«,
hatten die Kühe es plötzlich sehr eilig!
Wie weit sie kamen, weiß ich nicht,
denn dies ist ein Pups- und kein Kuhgedicht!

Ihr seht: Ob groß oder klein, ob laut oder leise,
jeder Mensch pupst auf seine Weise.
Und manche, ich sag's euch ganz ehrlich,
die finden ihren eigenen Pupsgestank herrlich!

Es gibt auch Leute, ich hör euch schon stöhnen,
die können pupsen in verschiedenen Tönen!
Babys pupsen im Schlaf, leise und friedlich,
püffpöff!, Mamas finden das so was von niedlich!

Das Tollste ist aber, wenn ein Lehrer lehrt,
und ihm ein Knatterpups entfährt!
Die Schüler biegen sich dann vor Lachen,
und hoffen, er wird's bald noch einmal machen!

Also: Pupsen muss jeder, ob er will oder nicht,
und das ist das Ende von diesem Gedicht!

5. Warum schmeckt Ohrenschmalz bitter?

Anatol ist eine Ameise. Eine sehr kleine Ameise.

Er lebt auf einer hübschen spanischen Insel mitten im Mittelmeer. Dort gibt es einen Garten, in dem stehen eng beieinander drei Palmen. Dort, wo sich die drei Stämme berühren, ist der Eingang zu Anatols Ameisenbau. Dort wohnt er mit seinen unzähligen Brüdern und Schwestern.

Da wären zum Beispiel Alfonso und Alonso, Adamo und Adolfo, Adriana und Alessio, Alejandra und Alvaro, Alberta und Antonia, Amadeo und Angela, Arturo und Alfredo – und das sind nur diejenigen, deren Namen sich der kleine Anatol merken kann! Wobei er sich zugegebenermaßen bei Alfonso und Alonso oft vertut. Die beiden sehen sich aber auch verflixt ähnlich.

Meistens mag Anatol seine Geschwister sehr, und es gibt nichts Besseres, als mit Alessio, Arturo und Antonia Verstecken zu spielen. Aber hin und wieder ist ihm das wilde Gewusel und Gekrabbel einfach zu viel. Dann möchte Anatol allein sein und begibt sich auf einen geheimen Ausflug.

So wie heute:

Zunächst reiht sich Anatol gewissenhaft in die Ameisenstraße ein, die vom Bau aus immer geradewegs dahin führt, wo es etwas zu fressen gibt. Mit der Zeit läuft Anatol unauffällig ein wenig langsamer als die anderen und lässt sich Schrittchen für Schrittchen weiter zurückfallen. Schließlich hält er an, um sich umständlich und seeehr, seeehr langsam seine Schuhbänder neu zu knoten. Dabei wird er von unzähligen fröhlichen Ameisen überholt, die ihm alle einen ebenso fröhlichen Gruß zurufen.

»Hi, Anatol!«, grüßt die erste Ameise, die eilig an Anatol vorbeiläuft.

»Hi, äh …«, sagt Anatol, weil ihm ihr Name nicht einfällt.

»Hallo, Anatol!«, ruft da schon eine weitere.

»Hallo, äh …«, erwidert Anatol und schaut schnell auf seine Schuhe.

»He, Anatol, alles klar?«, sagt die nächste und klopft Anatol auf die Schulter.

»Uff«, sagt Anatol. »Ja, alles klar, äh …«

Es ist und bleibt für Anatol ein großes Rätsel, wieso sich alle seinen Namen merken können und er sich gerade mal zehn.

Verstohlen schaut er sich um. Endlich. Die Luft ist rein.

»Tag, Anatol«, keucht da doch noch ein Nachzügler und hetzt vorüber.

»Ja, Tag auch«, sagt Anatol und sucht blitzschnell Schutz in der Ritze eines Mäuerchens.

Das wäre schon mal geschafft!

Erleichtert verschnauft Anatol und putzt sich seine Fühler. Die kleine Ameise beschließt, einen Abstecher in das große, weiße Haus zu machen. Er möchte nachsehen, ob wieder diese seltsamen blassen Menschlinge darin wohnen. Immer, wenn es besonders heiß ist, kommen sie nämlich in seinen Garten auf der Insel mitten im Mittelmeer. Meistens kommen mehrere Menschlinge gleichzeitig. Es gibt sie in zwei Sorten: Männchen und Weibchen. Und sie sehen alle sehr unterschiedlich aus. Manche sind lang, manche kurz, manche haben helles und manche dunkles Gestrüpp auf dem Kopf. Die kurzen Menschlinge bewegen sich schneller als die langen, sie toben ständig und machen ziemlich viel Krach, während die langen lieber herumliegen und sich von der Sonne verbrennen lassen. Aber so verschieden sie auch sind, eines ist ihnen gemeinsam: Sie haben alle nur zwei Beine an jeder Seite. Nicht ein einziges Mal ist es vorgekommen, dass Menschlinge mit sechs Beinen da waren. Und es fehlen ihnen die beiden Antennen, wie es bei den Ameisen heißt. Stattdessen haben sie an den Seiten des Kopfes zwei winzige hautfarbene Knollen, die sie noch nicht mal bewegen können. Sie nennen sie Ohren. Wie kann man nur ohne Kopfantennen und mit nur vier Beinen klarkommen?

Anatol krabbelt an einer Wand hinauf und gelangt ins Haus hinein. Die kleine Ameise ist in einem Zimmer gelandet, in dem es viel dunkler ist als draußen. Die Vorhänge sind zugezogen und sperren die grelle Mittagssonne aus.

Auf dem Bett erkennt Anatol einen kurzen Menschling mit langem gelbem Gestrüpp auf dem Kopf. Er scheint zu schlafen. In den oberen zwei Beinen hält er einen weiteren winzigen Menschling, der auch langes gelbes Gestrüpp auf dem Kopf hat und alle vier Beine starr in die Luft streckt. Seine Augen mit den langen Wimpern gucken an die Decke.

Seltsam.

Anatol krabbelt neugierig hinüber und betastet das starre Ding. Ach so, eine Puppe. Er hangelt sich von der Puppe hinunter und erklimmt das Kopfkissen. Im Gewirr des gelben Gestrüpps bahnt er sich seinen Weg zum Kopf des schlafenden Menschlings.

Das ist die Gelegenheit, denkt Anatol mit klopfendem Herzen. Endlich kann er sich in Ruhe die knolligen Krumpeldinger ansehen, die alle Menschlinge seitlich am Kopf haben. Das wollte er schon immer einmal tun.

Der Menschling bewegt sich nicht. Er schläft ganz tief.

»Oh, es wird wärmer«, stellt Anatol fest, als er aus dem Haardickicht tritt und über die Schläfe krabbelt. Am Ohr angelangt, läuft er staunend einmal drum herum und betastet die Oberfläche gründlich mit seinen Antennen.

»Ganz schön glatt. Und richtig heiß«, murmelt er begeistert, »und so samtig.«

Und da entdeckt Anatol etwas ganz Spannendes.

Ein tiefes Loch mitten im Ohr! So ähnlich sieht der Eingang zu seinem Ameisenbau aus. Bestimmt führt dieser Gang hier auch tief in den Menschling hinein und verzweigt sich in viele Gänge, genau wie jener bei ihm zu Hause.

Anatol stellt sich vor, dass auch die Menschlinge dort ihre Eier aufbewahren, aus denen dann die Larven schlüpfen. Aber so ganz sicher ist sich die kleine Ameise nicht, deswegen beschließt sie, nachzusehen.

Anatol krabbelt in die Höhle hinein und wagt sich immer weiter den Gang entlang. Auch hier gibt es das lästige Gestrüpp, nur viel, viel kürzer und flaumweich. Anatol kann bequem darüber hinwegkrabbeln.

Allmählich wird es dunkler und enger. Der Gang führt zunächst leicht nach unten und steigt dann wieder an. Warm ist es hier, feucht und kuschelig. Anatol findet es sehr gemütlich.

Da hat er eine Idee. Wenn er mal groß ist, könnte er doch mit seinen Geschwistern hier einen eigenen Ameisenstaat gründen, oder nicht? Anatol macht beim Laufen die tollsten Zukunftspläne. Davon bekommt er allmählich mächtigen Hunger. Suchend schaut er sich um.

Ob es hier wohl auch etwas zu essen gibt? Je weiter Anatol läuft, desto öfter muss er seltsamen kleinen Halmen ausweichen, die sich glitschig und schleimig anfühlen. Eine zähe Flüssigkeit klebt an ihnen. Anatol entdeckt, dass dieses Zeug nicht nur an den Halmen haftet, sondern auch aus winzigen Löchern austritt, die überall im Gang verteilt sind. Ja, der geheimnisvolle Gang ist mit dem klebrigen Zeug völlig ausgekleidet. Als hätte man ihn mit Schmalz eingeschmiert.

Oder mit Honig!

Honig? Klar!

Anatol läuft das Wasser im Mund zusammen! Wieso ist er da nicht früher draufgekommen? In diesem Gang ist überall köstlicher Honig! Die kleine Ameise bemerkt, dass er sogar in kleinen Bröckchen auf dem Boden herumliegt. Anatol muss nur zugreifen. Sein Magen knurrt. Vor einem besonders großen Honigbrocken bleibt die kleine Ameise stehen und beißt hinein.

Schön weich, kann Anatol gerade noch denken, als ihm urplötzlich schlecht wird. Hustend und würgend spuckt er den Bissen wieder aus.

»Pfui Teufel, schmeckt das bitter!«

Anatol kann es nicht glauben. Wie kann etwas, das so lecker aussieht, so eklig schmecken? Von wegen Honig! Anatol atmet tief ein und aus. Ihm ist schwindelig, und er weicht langsam Schritt für Schritt vor dem abscheulichen Klebzeug zurück. Immer tiefer gerät er dabei in den Gang und stößt plötzlich an eine Wand. Hier ist der Weg zu Ende. Er befindet sich in einer Sackgasse.

Anatol krabbelt die Wand hinauf, um sich einen Überblick zu verschaffen. Wo ist er hier bloß gelandet?

Da beginnt plötzlich ein Erdbeben. Anatol wird wild herumgeschleudert. Der Gang hebt und senkt sich, und die Wand, an der er hängt, steht nicht mehr still. Mal baumelt Anatol mit dem Kopf nach unten, mal wird er nach oben geworfen. Verzweifelt und mit aller Kraft krallt sich Anatol in die spiegelglatte Fläche.

Der Gang bebt immer weiter, und mit einem Mal beginnt die Wand sogar zu vibrieren. Ein Tosen schallt den Gang entlang. Der Krach scheint auf die Wand zu prallen wie die Hand eines Trommlers auf das Fell einer Trommel. Es herrscht ein ohrenbetäubender Lärm. Einzelne Klebbröckchen rieseln von den Wänden herab und stürzen in den Gang.

Anatol wird angst und bange. Schließlich kann er sich nicht mehr festhalten und muss loslassen. Augenblicklich hört das Erdbeben auf.

»Mama, ich habe eine Ameise im Ohr«, hört Anatol den Menschling brüllen. Das waren also die Geräusche!

»Die hat mich gebissen. Und jetzt hör ich sie krabbeln!«

Anatol muss grinsen, obwohl ihm immer noch fürchterlich übel ist. Erst der bittere Honig, dann das Geschaukel. Anatol taumelt orientierungslos hin und her.

Plötzlich neigt sich der Gang, und ein blasser Menschlingsfinger bohrt sich tief hinein. Anatol kann gerade noch ausweichen. Panisch versteckt er sich hinter einem der bitteren Klumpen.

»Halte das Ohr einfach ein bisschen länger nach unten, ja, so. Und jetzt schüttele mal den Kopf!«, hört Anatol eine zweite Stimme sagen.

»Komm raus, du doofe Ameise«, zetert der kurze Menschling.

Das lässt sich Anatol nicht zweimal sagen. Schnell krabbelt er auf den Lichtschein am Ende des Gangs zu.

Anatol ist zwar immer noch etwas durcheinander, aber er weiß, dass es jetzt gefährlich werden könnte. Menschlinge finden es nämlich ganz normal, Ameisen einfach zu zerquetschen, besonders wenn sie aus Gängen im Körper gekrochen kommen, in denen sie nichts zu suchen haben. Denn das hat Anatol inzwischen begriffen: Die bitteren, als Honig getarnten Klebbröckchen, dienen einzig und allein dazu, kleine Tiere wie ihn davon abzuhalten, sich in dem engen Gang häuslich einzurichten. Abhalten, nicht anlocken!

Anatol nimmt sich vor, später alle seine Geschwister zu warnen. Auch die, deren Namen er vergessen hat.

Jetzt holt er erst einmal tief Luft, nimmt Anlauf und rennt auf den Ausgang der Höhle zu. Mit Schwung stößt er sich auf dem Absatz ab und stürzt in die Tiefe. Im selben Moment hört er den Menschling rufen: »Sie ist raus, sie ist raus! Aber wo ist sie nur hin?«

Unterdessen ist die kleine Ameise längst auf der Matratze gelandet und rollt in ein paar wilden Purzelbäumen aus. Für einen Augenblick bleibt Anatol erschöpft liegen. Dann macht er, dass er wegkommt.

Draußen reiht sich Anatol unbemerkt wieder in die Straße der heimkehrenden Ameisen ein. Zufällig trifft er Adamo.

»Und, wie steht's?«, fragt er seinen Bruder, der eine Brotkrume in seinen Beißzangen transportiert, die doppelt so groß ist wie er selbst.

»Siebzehn zu vierhundertneununddreißig«, antwortet Adamo. Das ist Ameisensprache und bedeutet: Siebzehn arme Ameisen hat es erwischt, vierhundertneununddreißig leben noch.

»Vierhundertvierzig«, sagt Anatol, »ich bin ja auch wieder da.«

Und wie immer nach einem geheimen Ausflug ist Anatol heilfroh, wenn er in der Menge all seine Geschwister wieder entdeckt: Alfonso und Alonso, Adamo und Adolfo, Adriana und Alessio, Alejandra und Alvaro, Alberta und Antonia, Amadeo und Angela, Arturo, Alfredo und all die anderen.

6. Woher kommen die Popel?

Endlich mal eine einfache Frage! Denn die Antwort ist natürlich: Aus deiner hauseigenen Popelbäckerei.

Wo die ist? Du hast sie sozusagen direkt vor der Nase, nein, in der Nase, genauer gesagt. Was? Du glaubst mir nicht? Na, dann lies weiter. Ich kenne sogar das Rezept für Prachtpopel! Los geht's:

Jeder Mensch hat tief in der Nase kleine, sehr feine Härchen. In der Nähe des Nasenlochs sind sie noch dick und borstig. Manche Haare sind dort so lang, dass sie sogar aus den Nasenlöchern herauswachsen. Guck dir demnächst mal die Nase deines Opas genauer an, dann weißt du, was ich meine …

Um etwas zu backen, braucht man Bäcker. In unserer Popelbäckerei sind die Nasenhärchen die Bäcker. Nennen wir sie also Popelbäcker, alles klar? Fehlen noch die Zutaten.

Mal sehen … Aha, an den Wänden der Popelbäckerei entdecke ich lauter winzig kleine Öffnungen. Drüsen nennt man die. Was quillt denn daraus hervor? Ist das etwa Schnodder? Nasensekret? Schleim? Oder wie sagt man noch? Rotz? Tatsächlich! Prima, wir haben die erste Zutat für unser Rezept gefunden:

Prachtpopel nach Menschenart

1. Man nehme: 1 Portion Nasenschleim.

Ziemlich glibberig, der Nasenschleim, finde ich. Wir brauchen unbedingt noch etwas, das den Popel fest macht; wie das Mehl bei einem Kuchenteig. Tja, jetzt ist guter Rat teuer. Womit könnte man den Schnodder denn mischen? Weit und breit ist nichts Mehlartiges zu finden.

Ach, da sehe ich doch etwas. Besser gesagt, ich sehe überhaupt nichts mehr. Ziemlich staubig auf einmal in deiner Nase!

Was atmest du denn da gerade ein? Stehst du in einem Sandsturm? An einer Baustelle? Auf einer Blumenwiese? An einem Lagerfeuer? Wie auch immer, jedenfalls bekommen die Popelbäcker gerade eine Menge Arbeit: Sie haken sich beieinander unter und stellen sich mutig all dem

Staub und dem Dreck entgegen, der da in deine Nase hineingesaugt wird. Puh.

Endlich ist die Luft wieder rein. Die Popelbäcker klopfen sich die Kleider aus und sammeln alles auf, was daran kleben geblieben ist.

Jetzt verstehe ich: Die nächste Zutat ist gefunden!

2. Man nehme: 1 Prise Staub oder Sand oder Blütenpollen oder Dreck oder Rauch oder was sonst so in der Luft herumfliegt.

Die Popelbäcker vermischen den Staub mit dem Schleim und rühren so lange kräftig um, bis ein weicher Teig entstanden ist. Fertig. Und ab damit in den Ofen.

Oh, hoppla, in deiner Nase ist gar kein Ofen. Aber wie sollen die Prachtpopel denn dann gebacken werden? Ach so, jetzt weiß ich: Sie werden nicht gebacken, sondern luftgetrocknet.

Die Popelbäcker schieben die Prachtpopel einfach näher an die weit geöffneten Türen der Bäckerei. Damit sind deine Nasenlöcher gemeint, klar, oder? Ein kühler Wind streift herein. Herrlich.

Also:

3. Die frischen Prachtpopel an der frischen Luft trocknen lassen.
4. Sie sind fertig, wenn sie innen noch weich sind und außen eine schöne, mittelbraune Kruste haben.

Jetzt sind die Popel bereit für den Verkauf. Und da kommt auch schon der erste Kunde: ein Zeigefinger.

Neugierig bohrt er sich in die Nasenbäckerei und sucht sich einen besonders prächtigen Prachtpopel aus, den er gleich in hohem Bogen davonschnippen wird. Eigentlich fast zu schade zum Wegwerfen …

Haaaaalt! Stopp! Damit habe ich nicht gemeint, dass du ihn aufessen sollst, nur weil er so hübsch aussieht. Bloß nicht! Ein Nasenpopel ist schließlich kein Keks.

Hast du schon mal jemandem dabei zugesehen, wie er seine Popel verspeist hat? Das ist so widerlich, dass es einem dabei richtig mulmig werden kann.

Am besten, du verpackst deinen Prachtpopel in ein hübsches weißes Papiertaschentuch, schnäuzt noch mal kräftig hinein – und ab damit in den Abfalleimer.

So hast du auch gleichzeitig deine Nasenbäckerei sauber gemacht, und die Popelbäcker können sich an einen frischen Teig machen.

7. Warum muss ich schreien, wenn ich wütend bin?

Lilly ist sauer.

Angefangen hat es schon, als sie aufgewacht ist. Zuerst weiß sie gar nicht, was los ist, aber dann fällt ihr der blöde Traum wieder ein.

Sie hat geträumt, dass alle in der Klasse von der Gutenacht-Fee ein Feengeschenk bekommen haben, nur sie nicht. Ausgerechnet sie nicht! Wo Lilly doch gestern Abend so ratzeschnell und tippeltoll ins Bett gegangen ist, ganz ohne Theater und ohne noch mal aufzustehen. Es ist ja schon doof genug, dass die Gutenacht-Fee gar nicht jedes Mal kommt, wenn man sich angestrengt hat, aber jetzt klappt es nicht mal mehr im Traum! Fabian hat im Traum auch noch über sie gelacht und gesagt, dass sie sich einfach zu dämlich anstelle und er fünfhundert Geschenke bekommen habe.

»Na warte«, brummt Lilly, als sie aus dem Bett steigt. Und im selben Moment, in dem ihr einfällt, dass sie sich für etwas, das Fabian in ihrem Traum gesagt hat, gar nicht an ihm rächen kann, tritt sie mit dem nackten Fuß auf einen Legostein. Überall liegen sie auf dem Boden verstreut, weil Rosalie gestern mal wieder in Lillys Zimmer damit gespielt hat. Lilly schreit auf, macht einen kleinen Hopser und tritt sich das Klötzchen dabei noch tiefer in die Ferse. Blöde kleine Schwester! Lilly heult jetzt vor Schmerz. Sie setzt sich aufs Bett und reibt stinksauer ihren Fuß.

»Rosalie! Nur wegen dir habe ich mir wehgetan!«, brüllt sie.

Da erscheint Mama an der Tür zu Lillys Kinderzimmer, hält sich den Finger an die Lippen und flüstert: »Pssst, sei bitte leise, Rosalie schläft doch noch.«

Lilly entfährt ein wütendes Geräusch. Es kommt grummelnd aus ihrem Bauch und quetscht sich mit einem Quieken durch ihren Hals. Lauter als beabsichtigt.

Schon steckt Mama wieder den Kopf in ihr Zimmer: »Lilly, nimm doch bitte Rücksicht! Und beeil dich, sonst kommst du zu spät in die Schule.«

Wie ungerecht! Sie ist doch an überhaupt nichts schuld! Mama hätte ruhig mal nach ihrem Fuß gucken können. Langsam zieht sie sich die Sachen an, die Mama ihr rausgelegt hat. Es ist eine Strumpfhose dabei. Lilly hasst Strumpfhosen. Besonders heute Morgen. Die passt unmöglich unter die Jeans. Außerdem zwickt sie am Po. Lilly kommen vor Wut Tränen, während sie sich anzieht. Und dann liegt da auch noch ein Rollkragenpullover! Ausgerechnet der mit dem Würgekragen!

»Lilly, beeil dich, du musst in zehn Minuten los«, ruft Mama von unten.

Na super, denkt Lilly empört, erst werde ich ausgeschimpft, weil ich laut bin, und jetzt brüllt Mama selbst laut durchs Haus!

Ganz steif in der engen Strumpfhosenzwickjeans und dem Würgepulli stapft Lilly in die Küche und knallt die Tür hinter sich zu. Sie hat die Hose nicht zubekommen, und die Haare sind ungekämmt. Wütend setzt sie sich an den Tisch und stützt ihren Kopf in die Hände. Mama hat Rosalie auf dem Arm. Die ist also doch schon wach! Lilly wirft den beiden finstere Blicke zu.

»Lalla, Lalla«, brabbelt Rosalie und strahlt ihre Schwester an.

Lilly verdreht die Augen. »Lilly heiße ich, nicht Lalla«, grummelt sie und greift genervt nach dem Kakaobecher.

»Aua, zu heiß«, ruft sie und stellt den Becher wieder ab. Dabei schwappt ein großer Schluck Kakao über.

»Ach, Schatz«, seufzt Mama und schnappt sich einen Lappen. »Hast du mal auf die Uhr geguckt? Zähne putzen und los mit dir. Frühstück fällt heute leider aus.«

»Aber wenn ich jetzt nichts esse, wird mir schlecht beim Sport!«, schreit Lilly. »Und dann bist du schuld!«

Mama sagt nichts, weil sie weiß, dass es mit jedem Wort nur schlimmer werden würde.

Lilly steht auf und versucht verzweifelt, die Tränen zurückzuhalten. Wenn sie jetzt zu weinen beginnt, kann sie nicht mehr so schnell damit aufhören. Und verheult in der Schule erscheinen mag sie auch nicht.

Da klingelt es auch schon. Alessia steht vor der Tür.

»Sie kommt gleich«, teilt Mama Lillys Freundin mit und wippt Rosalie auf der Hüfte.

Lilly knöpft fluchend ihre Hose zu, schlingt sich ein Haargummi in die Haare und schlüpft in Windeseile in ihre Jacke. Sie hetzt hinaus, und niemand bemerkt, dass sie ihre Turntasche stehen gelassen hat.

Beim Heimkommen macht Lilly ihr Katastrophen-Gesicht.

»Was ist denn passiert?«, fragt Mama besorgt.

»Alles ist passiert«, schluchzt Lilly, lässt den Schulranzen plumpsen und rennt an Mama vorbei in ihr Zimmer. »Turnzeug vergessen, Klebestift leer und fünf Fehler im Mathetest!«, brüllt sie und knallt mit der Tür.

Sekunden später hört Mama einen entrüsteten Aufschrei. Lilly kommt wieder aus ihrem Zimmer gestürzt, ballt die Hände zu Fäusten und wirft ihren Kopf in den Nacken. In ihrem Bauch hat sich den ganzen Tag eine Riesenwut zusammengebraut.

Lilly hat das Gefühl, als müsse sie gleich platzen. In ihrem Magen brodelt, rumpelt und drückt es. Die Wut will ganz eindeutig aus ihr heraus.

Deshalb holt Lilly jetzt tief Luft, öffnet den Mund und kreischt, dass man es im ganzen Haus hören kann: »ICH WILL NICHT, DASS ROSALIE IN MEINEM ZIMMER SPIELT, WENN ICH NICHT DA BIN! Sie hat schon wieder alles umgeworfen und auf meine Schreibtischunterlage gemalt, die blöööööde Kuuuuhhhh! AAAAAAHHHHHH!«

Bei »Kuh« ist Lillys Stimme so hoch, dass ein klirrend heller Schrillton entsteht, der in Mamas Ohren klingelt. Rosalie fängt an zu weinen.

Lilly dreht sich mit hochrotem Kopf auf dem Absatz um und verschwindet wieder in ihrem Zimmer. Donnernd fällt die Tür zu.

»Wow«, sagt Mama, »was für eine Show!«

Sie beruhigt Rosalie, gibt ihr einen Schnuller und setzt sie auf die Spieldecke. Dann geht sie in Lillys Zimmer.

Lilly hat sich aufs Bett geworfen und schluchzt in ihr Kissen.

»Geh weg!«, ruft sie.

Mama denkt nicht dran. Sie setzt sich neben Lilly und fängt an, ihr den Rücken zu massieren.

»Ich mache dir eine Plätzchen-Massage, ja?«, sagt sie und fängt an, die Haut auf Lillys Rücken zu kneten, als sei sie aus Teig. Dann macht sie sanfte Ausrollbewegungen und pickt Lilly anschließend leicht mit den Fingernägeln, als stäche sie Plätzchen aus. Sachte und kitzelig streut Mama zum Schluss Zuckerperlen über den ganzen Rücken. Lilly fängt an, sich zu entspannen.

»Jetzt noch Pizzabacken«, murmelt sie.

Mama tut wieder so, als rolle sie Teig und belege ihn dann mit Tomaten, Salami und Paprika. Ihre Finger kribbeln und krabbeln über Lillys Rücken, als sie Käse und Kräuter verstreut.

»War das ein Schrei eben«, sagt Mama. »Mein lieber Scholli!«

Lilly muss ein bisschen kichern. »Mein lieber Scholli« hat Mama ja noch nie gesagt.

»Tut mir leid«, murmelt Lilly.

»Was tut dir leid?«, fragt Mama und hört nicht auf mit dem Streicheln.

»Dass ich so geschrien habe«, nuschelt Lilly in ihr Kopfkissen.

»Schon okay«, sagt Mama, »die Wut musste raus. Hat sie bei dir auch eine Farbe?«

»Ja, giftgrün und lila«, antwortet Lilly, ohne nachzudenken, und ist selbst erstaunt. »Bei dir auch?«

»Klar«, sagt Mama. »Meine ist meistens eine scheußliche Mischung aus roten und schwarzen Schlieren.«

»Ich konnte nicht anders«, sagt Lilly.

Mama nickt. »Ich habe mir schon gedacht, dass das heute noch kommt. Es gibt so Tage. Schließlich hast du heute Morgen schon mit dem Schlucken von Wutbällchen angefangen.«

»Wutbällchen?«, fragt Lilly.

»Ja, so stelle ich es mir vor. Wutbällchen eins war die Hektik heute Morgen«, beginnt Mama aufzuzählen. »Wutbällchen zwei …«

»… der schlechte Traum«, ergänzt Lilly. »Wutbällchen drei: der Legostein. Vier: die Strumpfhose. Fünf: der Rollkragenpulli: Sechs: kein Frühstück …«

»Sieben, acht und neun«, fährt Mama fort, »ein doofer Schultag mit allem Drum und Dran.«

»Nummer zehn: Rosalie war in meinem Zimmer«, fällt Lilly ein.

»Zehn Wutbällchen. Na, das ist aber auch eine Menge für so einen kleinen Magen. Kein Wunder, dass die wieder rausmussten. Da hat dein Körper sein Selbstreinigungsprogramm angeschaltet.«

»Wie eine Spülmaschine?«, fragt Lilly.

»Ja, nur dass die Wutbällchen nicht weggewaschen werden können. Dein Körper verwandelt sie in unterschiedliche Gefühle. Solche Gefühle wie Ärger, Traurigkeit oder Kummer tun dir nicht gut. Du fühlst dich elend, sauer und zornig. Deshalb müssen sie nach der Umwandlung wieder raus aus dem Körper, sonst kann man krank davon werden. Es ist fast wie bei einem Vulkan. Nur dass hier Gefühle ausbrechen. Wahrscheinlich kommt daher auch das Wort Gefühlsausbruch. Jedenfalls brechen die verwandelten Wutbällchen aus dir heraus, und du fühlst dich gleich viel besser.«

»Wut tut gut«, reimt Lilly.

»Aber nur dann, wenn man nach dem Rauslassen der Wut mit jemandem über die Gründe reden kann«, sagt Mama.

»Wenn jemand die ausgebrochenen Wutbällchen auffängt«, sagt Lilly, »sozusagen.«

Mama schmunzelt. »Sozusagen. Denn Schreien alleine nützt nur für ganz kurze Zeit, weil du dich hinterher erleichtert fühlst. Doch das Problem ist ja immer noch da. Aber du siehst, jetzt hast du dich ein wenig beruhigt und kannst wieder klar denken. Und deshalb finden wir gemeinsam für alles eine Lösung.«

Lilly nickt.

Und während die beiden über die Schule und den Traum sprechen, sortiert Mama den Würgepullover aus und verspricht Lilly, neue Strumpfhosen zu kaufen. Dann verlässt sie das Zimmer und kehrt kurz darauf mit Lillys kleiner Schwester auf dem Arm zurück. Rosalie hält etwas in ihrer kleinen Babyfaust.

»Gib es Lilly«, sagt Mama.

Es ist der Schlüssel zu Lillys Kinderzimmer.

»Solange du in der Schule bist, darfst du das Zimmer abschließen. Aber den Schlüssel musst du stecken lassen, damit wenigstens ich reinkann«, erklärt Mama.

Auf einmal fühlt sich Lilly wie befreit. Sie streichelt ihrer kleinen Schwester über das Köpfchen.

»Monster«, sagt sie.

»Lalla«, erwidert Rosalie.

Lilly grinst und verspürt mit einem Mal mächtigen Hunger. Ihr Magen knurrt.

»Komm«, sagt Mama, »statt Wutbällchen gibt es jetzt Fleischbällchen, in Ordnung?«

»Hurra, mein Lieblingsessen!«, ruft Lilly.

»Weiß ich doch«, sagt Mama.

8. Warum klingt meine Stimme vom Tonband so anders?

Als Emmas Papa die Tür aufstößt, blinkt ihm schon das Lämpchen des Anrufbeantworters entgegen.

Ächzend stellt er die beiden schweren Einkaufstaschen auf den Boden und schaut auf die Uhr. Oh, schon so spät! Jetzt muss er sich aber beeilen. In zehn Minuten ist die Geburtstagsfeier bei Paul zu Ende, und er muss Emma abholen. Papa legt nur rasch die Tiefkühlpizzen in das Gefrierfach und schnappt sich wieder seinen Autoschlüssel.

Das Lämpchen blinkt immer noch hartnäckig.

»Also gut«, murmelt Papa und drückt auf den Abspielknopf, »was ist denn so wichtig?«

Der Anrufbeantworter macht kruschtelige Geräusche. Es kratzt und schabt. Dann hört man das Gebrüll einer Horde Kinder. Irgendwann sagt der Anrufbeantworter mit Emmas Stimme: »Ähm, Papa? Bist du da? Hallo? Ich bin's. Emma. Also ich wollte nur kurz sagen, dass die Geburtstagsfeier noch länger dauert und du mich erst um halb sieben abholen brauchst … Okay? Hoffentlich ist das jetzt drauf, hm … Also tschühüüss.«

Papa lächelt und atmet auf. Prima, das passt ihm sehr gut.

Als Papa und Emma später nach Hause kommen, blinkt der Anrufbeantworter schon wieder. Diesmal ist es Mama.

»Hallo, meine beiden Schätze«, sagt das Gerät. »Es wird heute später, ihr könnt ruhig ohne mich essen. Bis dann, tschau.«

»Ich hab eh keinen Hunger mehr«, meint Emma.

»Was gab's denn?«, will Papa wissen.

»Pommes und Würstchen und Popcorn und Schokoküsse und Karottenschnitze.«

»Karottenschnitze?«, fragt Papa. »Ich komme mir vor wie in einem Quiz: Was passt nicht in die Reihe? Wieso gab es denn auch was Gesundes?«

»Weiß ich auch nicht. Hat eh niemand was von gegessen. Aber Pauls Mama hat gesagt, dass sie ein schlechtes Gewissen hat, wenn sie uns nur Sachen ohne Vitamine gibt.«

»Aha«, sagt Papa lachend und will die abgehörten Anrufe löschen.

»Haaalt«, ruft Emma, »ich will mich erst noch selbst hören.«

Papa startet die Aufnahme. Und wieder kruschtelt, knistert

und knackt es, bevor Emmas Stimme in den Kinderlärm hinein »Ähm, Papa? Bist du da?« sagt.

Emma hört ihren Anruf noch vier Mal ab. Am Ende kann Papa ihn laut mitsprechen.

»Warum hört sich meine Stimme eigentlich so komisch an?«, fragt sie. »Mamas klingt ganz normal.«

»Deine doch auch«, erwidert Papa.

»Nee«, ruft Emma, »willst du noch mal hören?«

»Bloß nicht«, sagt Papa entsetzt.

»Aber ich hör mich so blechern an. Wie ein Roboter oder so«, beharrt Emma.

»Ich finde meine Stimme auf Band auch seltsam«, gibt Papa zu.

»Aber warum klingen nur wir beide blöd und Mama so wie immer?«, fragt Emma.

»Für sich selber klingt Mama auch komisch, nur für uns nicht«, erklärt Papa.

»Das verstehe ich nicht«, meint Emma. »Die Stimme ist doch immer dieselbe. Warum höre ich mich denn anders als du mich?«

»Hm«, macht Papa und überlegt. »Das hatte ich mal in der Schule. Wie war das noch gleich?« Papa denkt und denkt.

»Puh«, sagt er nach einer Weile, »ist schließlich auch schon fast dreihundert Jahre her.«

»Was ist dreihundert Jahre her?«, fragt Emma verwundert.

»Dass ich in der Schule war«, meint Papa.

»Quatsch, höchstens hundert«, sagt Emma ernst.

»Stimmt«, sagt Papa. »Deshalb ist mir die Erklärung auch wieder eingefallen. Pass auf, es ist so: Die Töne, die wir beim Sprechen machen, nennt man Schallwellen. Diese Schallwellen hören die anderen und wir selber auch.«

Emma nickt. »Weil wir ja sprechen.«

»Genau. Das Besondere an diesen Schallwellen ist«, fährt Papa fort, »dass sie auf zwei verschiedene Arten zu unserem Ohr

gelangen. Als Erstes gibt es den Luftschall. Der fliegt aus unserem Mund heraus, im Raum herum und wird dann an unser Ohr zurückgeworfen. Schwups.« Papa führt schwungvoll seine Hand vom Mund zur Wand und zurück zum Ohr. »Der Luftschall macht die Stimme, die du jetzt gerade von mir hörst.«

»Und welchen Schall gibt es noch?«

»Die zweite Art von Schall nennt man Knochenschall. Ohne dass wir es merken, versetzen die Schallwellen die Knochen unseres Kopfes in kleine Vibrationen.«

»Vibrationen?«, fragt Emma nach.

»Winzig kleine Bewegungen«, erklärt Papa. »Durch diese Bewegungen wird der Schall über den Kieferknochen direkt ins Innere des Ohres gelenkt. Den kann man übrigens hören.«

»Den Kieferknochen?«, fragt Emma verwirrt.

»Den Knochenschall«, sagt Papa. »Pass auf. Halte dir mal beide Ohren zu und sage etwas ganz leise. In diesem Moment hörst du nur den Knochenschall, den Luftschall nicht, denn über den Ohren liegen ja deine Hände.«

Emma hält sich die Ohren zu und flüstert etwas. Verdutzt schaut sie Papa an.

»Stimmt«, sagt sie, »ich habe mich verstanden.«

»Toll, oder?«, fragt Papa. »Ich habe dich nämlich nicht gehört. Unsere eigene Stimme besteht also grob gesagt aus zwei Schallarten: Knochenschall und Luftschall. Und jetzt kommt's: Was schätzt du, welche von den beiden Schallarten vom Anrufbeantworter aufgenommen wird?«

Emma denkt nach.

»Nur der, der aus unserem Mund kommt. Also der Mundschall, äh, Luftschall«, antwortet sie.

»Absolut richtig!«, sagt Papa beeindruckt. »Beim Abhören des Bandes fehlt also bei unserer eigenen Stimme der Knochenschall, an den wir uns ja seit wir auf der Welt sind gewöhnt haben. Deswegen hört sich unsere eigene Stimme für uns plötzlich fremd an, während die Stimmen von anderen auf Band ganz normal klingen.«

»Ach so«, sagt Emma. »Weil wir die ja sowieso die ganze Zeit ohne den Knochenschall hören.«

»Exakt«, bestätigt Papa. »Ich sehe schon, aus dir wird mal eine tolle Wissenschaftlerin. Weißt du was, ich habe eine Idee. Morgen besorgen wir dir leere Kassetten für deinen Kassettenrekorder. Dann kannst du den ganzen Tag deine eigene Mundschall-Stimme aufnehmen. Und du wirst sehen, wenn du deine Aufnahmen nur oft genug angehört hast, wird dir deine Tonbandstimme gar nicht mehr so fremd sein.«

Emma nickt begeistert. Dann röchelt sie in ihrer schauerlichsten Gruselstimme: »Hallo, hierrr spricht Emmaaaa, uuuähhh!«

Papa lacht: »An deine Monsterstimme werde ich mich allerdings nie gewöhnen.«

9. Kommt der Schlafsand im Auge wirklich vom Sandmännchen?

Henry und Stella sitzen auf dem Sofa und gucken Sandmännchen.

»*Sandmann, lieba Sandmann, es iiis nochnich sowaaait*«, schmettert Stella aus vollem Halse. »*Wirsing erst den Abehendkuss, ee ee jedes Kind ins Bettchen muuuuus, duhuu hast Gebiss nohoch Zaaait!*«

»*Abendgruß*«, verbessert Henry seine kleine Schwester. Er kichert. »Und nicht Wirsing! *Wir sehen*, heißt das. Und auch nicht *Gebiss*!« Henry kriegt einen Lachanfall. »Gebiss«, keucht er. »*Du hast Gebiss noch Zeit!* Was sollte das denn heißen?«

»Weiß ich doch nicht«, faucht Stella.

Doch weil Henry selber nicht so genau weiß, wie das Wort richtig heißt, beschließt er, lieber nichts mehr zu sagen. Nicht, dass sie noch nachfragt, das wäre peinlich.

Die Sendung mit dem Sandmännchen findet Henry eigentlich ganz gut, nur viel zu kurz. Und es dürfte ruhig auch ein bisschen mehr Action dabei sein. Könnte das Sandmännchen nicht mal mit einem Laserschwert gegen einen Feuer speienden Drachen kämpfen? Oder sich mit Pfeil und Bogen auf Gespensterjagd machen? In

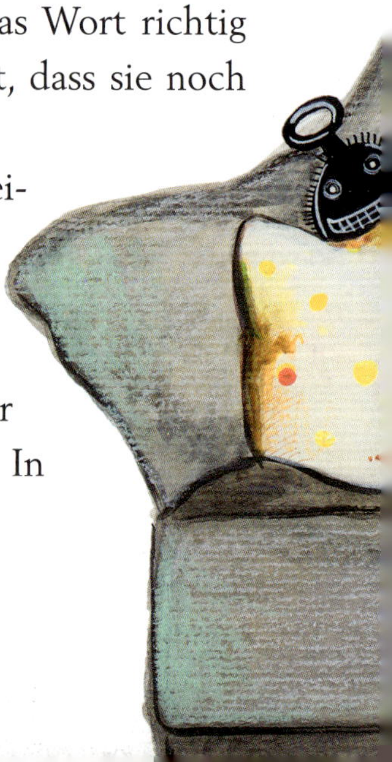

einem Spukschloss? Henry stellt sich das alles ganz genau vor, sodass er von der Sendung im Fernsehen gar nichts mehr mitbekommt. Gerade als er sich ausmalt, wie das Sandmännchen gegen einen schrecklichen Riesenritter kämpft, bemerkt er, dass seine Schwester wieder angefangen hat zu singen.

»Kinda, liebe Kinda, es haaat mir Spaß gemacht, nun schnääll ins Bett und schlaaaft rehecht schön, dann will auch ich zur Truhe gehen, iiich wünsch euch guhute Nacht!«

Erschrocken reißt Henry die Hände hoch und presst sie sich fest vor die Augen. Es bleibt ihm nicht mal Zeit, darüber zu lachen, dass Stella *Truhe* statt *Ruhe* gesungen hat.

Denn jetzt kennt Henry nur noch ein Ziel: Sich vor dem Schlafsand des Sandmännchens zu schützen. Auf keinen Fall darf es ihn erwischen. Henry kneift die Augen fest zusammen, als er hört,

dass die Melodie die fliegenden Traumsandkörner ankündigt. Es geht um alles. Entweder gewinnt er oder das Sandmännchen. Es kann nur einen Sieger geben.

Leider stellt sich immer erst am nächsten Morgen heraus, ob Henry den Kampf gewonnen hat. Wenn er sich nämlich nach dem Aufstehen die Augen reibt und feststellt, ob Traumsand hineingeraten ist oder nicht.

Heute hat Henry ein gutes Gefühl. Er ist bestimmt nicht getroffen worden. Und müde fühlt er sich auch noch kein bisschen. Bestimmt hat diesmal Stella die Ladung abbekommen, denn sie gähnt laut und schläft ein, kaum dass Mama sie ins Bett gelegt hat.

Ganz anders Henry. Er ist hellwach und freut sich darüber. Leise steht er wieder auf und holt seine geheime Liste unter dem Bett hervor. Es ist ein großes Blatt Tonpapier, auf das Henry in der Mitte einen dicken Strich gezogen hat. Auf der einen Seite klebt ein Foto von ihm, auf die andere Seite hat er ein Bild vom Sandmännchen gemalt. Jeden Morgen macht er einen Strich unter sein Bild oder unter das des Sandmännchens, je nachdem, wer gewonnen hat. Fünf hat er schon unter sein Foto gemacht, zweiundzwanzig unter das Bild vom Sandmännchen.

»Morgen habe ich sechs Striche, du wirst schon sehen«, murmelt Henry.

Vor dem Einschlafen will er die Striche auf der Seite des Sandmanns noch einmal genau zählen. Vielleicht hat er ja falsch geguckt und es sind doch weniger. Denn eines Tages wird er das Sandmännchen schlagen, da ist sich Henry ganz sicher. Als er gerade mal bis zwölf gezählt hat, schläft Henry mit dem Plakat im Arm ein.

Am nächsten Morgen wird er von Mama geweckt.

»Aufwachen, Schlafmütze«, flüstert Mama zärtlich und streicht ihm über die Haare. »Heute ist es so weit …«

Henry ist sofort hellwach. »Jaaa!«, jubelt er. »Wald-Tag, Wald-Tag!« Auf die Waldwanderung mit seiner Kindergartengruppe freut er sich schon seit Tagen. Er setzt sich auf und reibt sich die Augen. Dann muss er gähnen.

»Na, da ist aber jemand noch müde«, schmunzelt Mama.

»Gar nicht«, protestiert Henry. Er zwinkert mit den Augen. Irgendwas stört da drin.

»Lass mal sehen«, sagt Mama, »ich glaube, du hast noch Schlafsand in den Augen.«

»Gar nicht«, protestiert Henry erneut. »Vielleicht 'ne Fliege, aber Schlafsand ist es bestimmt nicht!«

Mama nimmt ein Taschentuch und wischt Henry behutsam einen kleinen, gelblichen Krümel aus dem Auge.

»Da, guck«, sagt sie und hält ihm das Taschentuch vor die Nase. »Traumsand, ganz eindeutig.«

»Mist«, sagt Henry, »das Sandmännchen hat schon wieder gewonnen.«

»Dann musst du wohl auf der Liste einen Strich auf seiner Seite machen«, meint Mama und reicht Henry sein Plakat.

»Jetzt hast du's auch noch entdeckt«, mault Henry.

»Ich kann nichts dafür«, verteidigt sich Mama. »Als ich heute Nacht noch mal nach dir gesehen habe, hattest du's im Arm.«

»Oh«, sagt Henry. »Trotzdem. Ich bin sauer.«

»Auf mich?«, fragt Mama.

»Nee, auf das Sandmännchen. Das ist gemein! Ich guck das nie wieder. Nieeeee wieder!«

Henry muss beinahe weinen, und das ausgerechnet am Wald-Tag.

»He, nicht weinen«, sagt Mama und nimmt Henry in den Arm. »Magst du mir erzählen, warum du so wütend auf das Sandmännchen bist? Und was die Striche auf deinem Plakat bedeuten?«

Mama staunt nicht schlecht, als sie von Henrys Wettbewerb gegen das Sandmännchen erfährt.

»Ich kann machen, was ich will«, schnieft Henry beim Erzählen. »Die Augen zuhalten. Nicht hingucken. Mich mit dem Rücken zum Fernseher drehen, das nützt alles nix. Der trifft mich mit seinem Traumsand immer, der doofe Sandmann. Es steht schon fünf zu zweiundzwanzig, nee, fünf zu dreiundzwanzig!«

Mama macht einen komischen Kiekser und nickt dann sehr ernst und verständnisvoll.

»Ich verstehe«, sagt sie. »Ich verstehe sehr gut! Das kann so auf keinen Fall weitergehen. Du Armer!«

Dann denkt sie einen Moment nach.

»Henry«, meint sie nach einer Weile. »Wie alt bist du noch gleich?«

»Fünf«, sagt Henry vorwurfsvoll.

»Stimmt«, bestätigt Mama. »Okay. Das ist gut. Ich überlege nämlich gerade, ob du wohl schon alt genug dazu bist, ein sehr geheimes Geheimnis zu bewahren.«

»Klar!«, ruft Henry. »Verrate es mir.«

»Hm«, meint Mama. »Nein, ich glaube, du bist doch noch zu klein.«

»Nein!«, ruft Henry.

»Doch«, sagt Mama.

»Nein, nein«, meint Henry.

»Doch, doch«, meint Mama.

»Biiitte!«, fleht Henry.

»Also gut, überredet«, sagt Mama. »Aber pscht! Was ich dir jetzt verrate, darfst du auf keinen Fall Stella erzählen, versprochen?«

Henry nickt heftig mit dem Kopf.

»Gut«, meint Mama. Dann senkt sie die Stimme und flüstert: »Du kannst gegen den Sandmann gar nicht gewinnen!«

Henry schaut verdutzt. Das war nicht gerade die Art Geheimnis, die er erwartet hatte.

»Wieso nicht?«, fragt er.

»Weil das Sandmännchen gar keinen echten Traumsand hat«, flüstert Mama.

Henry reißt die Augen weit auf. Da kommt er der Sache doch schon näher.

»Echt nicht?«, fragt er begeistert. »Der schummelt?«

»Ja«, erwidert Mama. »So kann man es sagen. Das, was er da am Ende der Sendung in die Gegend pustet, ist nur harmloser Glitzerstaub.«

Henry ist baff.

»Aber wie kommen dann die Sandkörnchen in mein Auge?«, fragt er.

»Die macht dein Auge selber«, antwortet Mama.

»Quatsch«, entgegnet Henry. Das kann doch auf keinen Fall stimmen!

»Kein Quatsch«, sagt Mama. »Du kennst das ja selber: Alle paar Sekunden klimpern wir mit den Augen. Dadurch wird der Augapfel, also das hier«, Mama reißt die Augen weit auf und deutet darauf, »schön feucht gehalten. Mit jedem Lidschlag verteilt sich ein hauchdünner Flüssigkeitsfilm über dem Auge. Dadurch können wir schön klar sehen. Diese Flüssigkeit besteht aus einer Art Spezialschleim und demselben Wasser wie unsere Tränen.«

Henry klappert mehrmals mit den Lidern. Spezialschleim, das hört sich gut an.

»Nachts, wenn wir die Augen geschlossen haben«, fährt Mama fort, »wird nicht so viel Tränenflüssigkeit hergestellt. Der restliche Schleim sammelt sich dann hier im Augenwinkel und trocknet zu kleinen Bröckchen. Und wenn du morgens die Augen öffnest, hast du das Gefühl, du hättest was Störendes drin. Ganz automatisch reibst du dir also die Augen. Und weil das getrocknete Gegrissel auch noch eine braungelbe Farbe hat, nennt man es eben Traumsand oder Schlafsand.«

»Und das kommt echt wirklich nicht vom Sandmännchen?«, vergewissert sich Henry.

»Echt wirklich nicht«, bestätigt Mama.

»Aber warum hatte ich dann auch schon ein paarmal nichts drin?«, fragt Henry, nur um letzte Zweifel auszuräumen.

»Ach weißt du, manchmal wischt man es sich schon im Schlaf weg, oder es ist so klein, dass man es gar nicht bemerkt, oder …«

Doch Henry hat genug gehört.

»Dann hat das Sandmännchen also gar nicht gewonnen?«, unterbricht er Mama.

»Nein«, sagt sie lachend und scheucht Henry ins Bad. »Und müde wirst du übrigens auch von ganz alleine. Das kommt nicht vom Traumsand. Sondern vom Toben.«

»Und vom Waldwandern«, ergänzt Henry und schlüpft in seine Jeans.

»Spezialschleim«, hört Mama ihn beim Anziehen vor sich hin murmeln. »Das ist tausendmal cooler als Traumsand!«

10. Wofür brauchen wir die Spucke?

»Tschüss, mein Schatz, bis morgen«, sagt Lenis Mama und drückt ihre Tochter noch einmal fest an sich. »Und pass mir gut auf Papi auf, versprochen?«

Leni nickt.

»Mach dir keine Sorgen, wir schaffen das schon«, sagt sie und schiebt Mama zur Tür.

»Dein Taxi wartet«, drängt Papa.

»Ich gehe ja schon«, sagt Mama.

»Und grüß Tante Gabi von uns!«, ruft Leni ihr nach.

Als Mama weg ist, stehen Leni und Papa für einen kurzen Moment ratlos herum.

»Und jetzt?«, fragt Leni.

»Jetzt?«, sagt Papa. »Jetzt machen wir uns einen schönen Tag.«

»Mit Eis?«, fragt Leni.

»Klar, mit Eis«, antwortet Papa.

»Und Pommes?«

»Ohne Pommes und ohne Eis wäre der Tag ja wohl nur halb so schön, oder?«, meint Papa.

»Stimmt«, sagt Leni und hüpft erwartungsvoll auf und ab.

»Und weißt du, wo wir uns das Eis kaufen?«, fragt Papa.

»Im Zoo!«, ruft Leni. »Bitte im Zoo!«

»Wo denn sonst?«, sagt Papa. »Und zwar sofort.«

Blitzschnell ist Leni angezogen.

Im Zoo gibt es gleich hinter dem Kartenhäuschen einen Kiosk. Hier darf sich Leni ein großes Eis aussuchen. Und eine Zuckerkette, weil es keine Pommes gibt. Papa kauft sich ebenfalls ein Eis, und zusammen schlendern die beiden die Wege entlang.

Die Tiere rekeln sich in der Sonne, kommen neugierig an den Zaun oder knabbern am frischen Gemüse, das die Wärter ihnen bringen. Leni findet, dass die Tiere heute alle besonders gut gelaunt aussehen.

Alle?

Nicht ganz!

Im Lama-Gehege entdeckt Leni ein ziemlich missmutiges Exemplar. Es steht alleine in einer Ecke und starrt grimmig vor sich hin.

»Papa, guck mal«, sagt Leni, »warum schaut es denn so … so …«

»Doof?«, schlägt Papa vor.

»Also Papi«, meint Leni, »es guckt doch nicht doof, es guckt nur … traurig? Nee, eher verärgert. Nein, ich hab's. Es hat schlechte Laune. Eindeutig.«

»Komisch«, sagt Papa, »wo doch die Sonne scheint, es Eis gibt …«

»Wir haben ein Eis«, berichtigt Leni. »Das Lama nicht.«

»Vielleicht liegt's daran«, meint Papa.

Er stellt sich dicht an den Zaun und betrachtet das griesgrämige Tier.

»Kuckuck«, ruft er. »Lama, lach mal!« Papa beginnt, Grimassen zu schneiden wie ein Zirkusclown.

Leni fällt beinahe ihr Eis aus der Hand, so sehr muss sie kichern. Aber das Lama bleibt von Papas Kaspereien völlig unbeeindruckt und zuckt nicht mal mit den langen Wimpern.

Doch so leicht will sich Papa nicht geschlagen geben. Er beginnt zu tanzen und wild auf und ab zu hüpfen. *»Ich kann springen, ich kann hüpfen und fange gleich noch an zu schwitzen!«*, singt Papa.

Leni lacht, dass ihr die Tränen kommen. Doch das Lama starrt Papa nur verächtlich an und mahlt träge mit dem Mund.

»Vielleicht will es dein Eis«, schlägt Leni vor.

Papa wedelt mit seinem Eis vor dem Zaun herum.

»Hör auf, mich so anzustieren, dann darfst du auch mein Eis probieren«, reimt Papa. »Ja, das ist leckerweckermeckerschme-

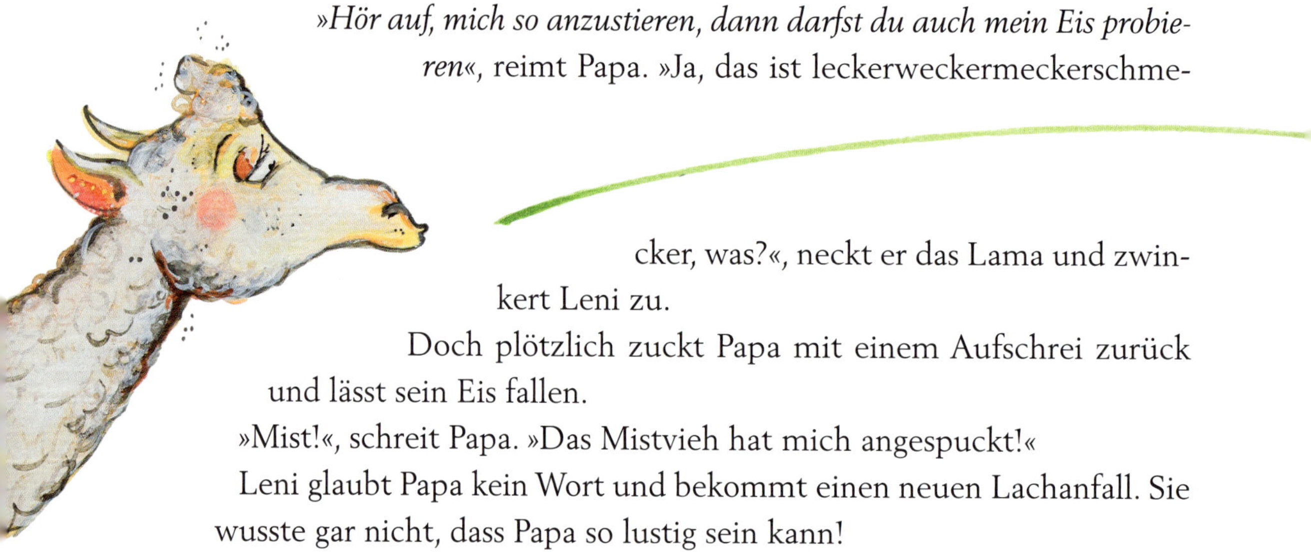

cker, was?«, neckt er das Lama und zwinkert Leni zu.

Doch plötzlich zuckt Papa mit einem Aufschrei zurück und lässt sein Eis fallen.

»Mist!«, schreit Papa. »Das Mistvieh hat mich angespuckt!«

Leni glaubt Papa kein Wort und bekommt einen neuen Lachanfall. Sie wusste gar nicht, dass Papa so lustig sein kann!

Aber Papa ist kein bisschen zum Lachen zumute, denn das Lama hat tatsächlich gespuckt!

Ein großer, stinkender, grünlicher Schleimpfropfen ist mitten auf Papas Brust gelandet und tropft von seinem Hemd herab.

»Igitt, ist das eklig«, stöhnt Papa. »Und wie das stinkt!« Jetzt wird Leni klar, dass Papa wirklich keinen Spaß gemacht hat. Angewidert schält er sich aus seinem Hemd. Zum Glück trägt er noch ein T-Shirt drunter. Aber auch darauf hat die Lamaspucke einen großen feuchten Fleck hinterlassen.

»Papa, du stinkst«, stellt Leni naserümpfend fest.

Und mit einem Blick auf das Lama meint sie: »Aber du hast es geschafft, Papa. Das Lama sieht ziemlich fröhlich aus!«

Papa grinst schief und meint: »Schadenfroh würde ich das eher nennen.«

Als die beiden wieder zu Hause sind, setzt sich Papa an den Computer, um nachzulesen, warum Lamas spucken und wieso die Spucke so widerlich stinkt.

»Ach so«, sagt er zu Leni, die es sich auf seinem Schoß bequem gemacht hat, um die Bilder von den Lamas im Internet zu betrachten, »das

Spucken ist eine Art Warnung, dass sie gleich richtig sauer werden. Außerdem handelt es sich dabei gar nicht um reine Spucke, sondern auch noch um Mageninhalt.«

»Mageninhalt?«, fragt Leni.

»Kotze«, flüstert Papa Leni ins Ohr.

Leni lacht und schüttelt sich.

»Uähh! Das muss ich unbedingt Mama erzählen. Dass du von einem Lama angeko–«

»Pscht!«, macht Papa und beginnt, Leni zu kitzeln.

Als sie wieder genug Luft bekommt, fragt Leni: »Woraus besteht unsere Spucke eigentlich?«

»Ähm«, sagt Papa und wendet sich wieder seinem Computer zu, »Moment, ich gucke mal nach.«

Papa klickt eine Weile herum.

»Aha, interessant …«, meint er. »Wusstest du, dass unsere Spucke zum großen Teil aus derselben Flüssigkeit besteht wie unser Blut? Nur ohne den roten Blutfarbstoff. Pass auf, hier steht: Spucke wird von den Speicheldrüsen in Mund und Kiefer hergestellt, indem unserem Blutplasma bestimmte Stoffe entzogen und andere hinzugefügt werden.«

»Cool«, sagt Leni.

»Ja, finde ich auch«, bestätigt Papa. »Sooo … hm … Hier lese ich gerade, dass dann noch Mineralien dazukommen, Enzyme, Eiweiße, noch ein paar andere nützliche Sachen und Millionen winziger Bakterien aus dem Mund – und fertig ist die Spucke.«

»Und wozu ist sie gut?«, fragt Leni.

»Warte«, sagt Papa und starrt weiter auf den Bildschirm. »Also: Spucke macht das Essen feucht, klar. Stell dir nur mal vor, du willst Chips essen und dein Mund ist staubtrocken. Du könntest sie nicht mal runterschlucken. Und Sprechen kann man mit trockenem Mund auch sehr schlecht. Die Zunge klebt einem dann fast am Gaumen fest. Ahaaaa, und noch was: Nur eine feuchte Zunge kann schmecken. Ohne Spucke könntest du gar nicht feststellen, ob du gerade etwas Süßes oder etwas Saures isst!«

»Wow«, sagt Leni. »Danke, Spucke.«

»Bereits im Mund hilft die Spucke dabei, das Essen in seine Einzelteile zu zerlegen. Damit der Magen nicht mehr so viel Arbeit hat. Und«, Papa hebt die Stimme, »was ich ganz besonders toll finde: Hier steht, Spucke hilft gegen Karies. Sie spült den Mund aus, entfernt Essensreste, hält die Zähne gesund und kann sogar kleine Schäden daran reparieren.«

»Echt?«, fragt Leni.

Papa zieht eine Schreibtischschublade auf.

»Ja. Hier, nimm einen«, sagt er und reicht Leni einen zuckerfreien Kaugummi. »Durch das Essen entstehen im Mund Säuren, und die greifen die Zähne an. Wenn du Zahnpflegekaugummi kaust, entsteht dabei mehr Spucke, die dann alle gefährlichen Säuren verdünnt.«

Leni kaut vergnügt und macht eine Blase.

»Um Himmels willen!«, ruft Papa laut. Doch er meint nicht Lenis Kaugummiblase. »Hör zu«, sagt er verblüfft. »Schätz mal, wie viel Spucke ein Erwachsener an einem Tag herstellt?«

Leni überlegt. »Einen Eierbecher voll?«, rät sie.

»Mehr«, sagt Papa.

»Ein Trinkglas voll?«, rät Leni.

»Viiieeel mehr. Mehr, als in einem ganzen Karton Milch drin ist«, verrät ihr Papa. »Ist das nicht der Hammer? Lass mich mal rechnen … Donnerwetter, dann mache ich ja im Jahr mehr als vierhundert Liter Spucke! Ohne dass ich überhaupt was davon mitkriege. Super Sache, so ein Körper.« Papa klingt beeindruckt.

»Wie viel sind denn vierhundert Liter?«, fragt Leni, die sich gar nicht vorstellen kann, was Papa daran so toll findet.

»Drei große Badewannen voll«, erklärt Papa.

»Wow, ganz schön eklig«, flüstert Leni beeindruckt.

»Aber nur halb so eklig wie Lama-Würge-Spucke, oder?«, fragt Papa.

Leni kichert. »Wenn ich das Mama erzähle … Und sie hat noch gesagt, dass ich auf dich aufpassen soll.«

»Stimmt«, meint Papa. »Wir sagen einfach, *ich* hätte das *Lama* angespuckt.«

»Das fände sie bestimmt auch nicht besser«, meint Leni und muss bei dem Gedanken, wie sich Papa mit dem Lama ein Spuckduell liefert, schon wieder losprusten.

11. Wieso schmeckt bei Schnupfen alles gleich?

Der kleine Vampir Jaron versteht die Welt nicht mehr. Als er heute Nacht aufgewacht ist, um zur Schule zu gehen, war nichts mehr wie sonst. Dabei hatte er doch alles richtig gemacht! Er war weder ohne Umhang draußen herumgeflogen, noch hatte er ohne Schuhe auf dem kalten Steinboden der Gruft gespielt. Er hatte beim Versteckenspielen auf dem Friedhof sogar einen Schal getragen! Eiszapfen hatte er auch nur ganz wenige gegessen und sich beim Schlafen gut in seine weiche Decke aus Spinnweben eingekuschelt. Was konnte nur schiefgelaufen sein?

Der kleine Vampir war nämlich eindeutig erkältet. Sehr erkältet: Sein Kopf tat weh, seine Augen tränten, seine Nase lief, und sein Hals schmerzte.

»Los, los, aufstehen!«, rief seine Mutter. »Es ist gleich Mitternacht, die Schule fängt bald an.«

Stöhnend erhob sich Jaron aus seiner Schlaftruhe und tappte in die Küche.

»Mutti, ich bin total krank«, krächzte der kleine Vampir. »Ich kann heute unmöglich zur Schule fliegen.«

»Um Hölles willen!« Seine Mutter fühlte besorgt die Stirn des kleinen

Vampirs. Gleich darauf zog sie mit einem erschreckten Aufschrei ihre Hand zurück: »Eiskalt, du gefrierst ja beinahe«, rief sie besorgt. »Du musst schleunigst wieder ins Bett«, bestimmte sie und scheuchte Jaron zurück in sein Verlies. »Ich bringe dir eine Wärmflasche und heißen Tomatensaft. Außerdem machen wir warme Wadenwickel. Wir müssen deine Temperatur unbedingt erhöhen.«

Niedergeschlagen machte Jaron kehrt. Schade, verflixt schade, dass er ausgerechnet heute krank sein musste. In der ersten Stunde hatten sie Sport, und weil heute Vollmond war, wäre Schattenfangen dran gewesen. Und Schattenfangen machte dem kleinen Vampir fast noch mehr Spaß als Spinnenkunde.

Matt legte Jaron seinen erkältungsschweren Kopf auf sein Kissen aus Moos und schlief sofort wieder ein. Er hatte schreckliche Albträume von bunten Blumen und niedlichen Kaninchen. Irgendwann wachte er auf und war so kalt, dass ihm der Schweiß wie Schnee von der Stirn rieselte.

Mama gab dem kleinen Vampir Medizin, die scheußlich nach Schokolade schmeckte. Der kleine Vampir schüttelte sich.

Als er das nächste Mal wieder wach wurde, war eine neue Nacht angebrochen, und Jaron fühlte sich tipptopp gesund.

Er gähnte, dass die spitzen Vampirzähne im Mondlicht funkelten, und stellte erleichtert fest, dass er Hunger hatte. Riesenhunger.

Du kannst dir sicher vorstellen, wie froh seine Mutter darüber war. Sogleich stellte sie sich an den Herd und begann, eine köstliche Mahlzeit für den kleinen Vampir zuzubereiten. Es gab Blättersalat mit gerösteten Mistkäfern, Spaghetti mit Krötensoße und fein geriebenem Schimmel. Und als Nachspeise Johannisbeergrütze mit Schneckenschleim. Dazu so viel Blutorangensaft, wie der kleine Vampir trinken mochte. Insgesamt also ein erstklassiges Vampir-Verwöhn-Menü.

»Lecker«, rief Jaron und zog die Nase hoch.

Sein Eisfieber war zwar verschwunden, aber eine gehörige Schnoddernase hatte er immer noch. Zuerst pickte er die Mistkäfer aus dem Salat (Salat! Wie kam seine Mutter nur auf so eine Idee? Hatte der kleine Vampir jemals Salat gegessen?) und stürzte sich dann auf die Spaghetti. Der Schimmel war auf der heißen Krötensoße geschmolzen und sah köstlich aus. Jaron mampfte, was das Zeug hielt. Doch nach ein paar Bissen legte er das Besteck zur Seite und betrachtete misstrauisch den Teller.

»Ist was?«, fragte ihn seine Mutter.

»Zum Höllenknoblauch aber auch«, fluchte der kleine Vampir. »Irgendwas stimmt nicht.«

Er tunkte den Löffel probeweise in den Johannisbeergrützeschneckenschleim und leckte ihn ab.

»Und?«, fragte seine Mutter wieder.

Da brüllte der kleine Vampir so laut, dass Erde von der Höhlendecke rieselte: »Hiiilfe, meine Zunge ist kaputt gegangen! Ich kann gar nichts mehr schmecken!« Schniefend wischte er sich die tropfende Nase an seinem Ärmel ab. »Entweder stimmt etwas mit meiner Zunge nicht, oder du hast falsch gekocht. Jedenfalls schmeckt alles total gleich«, rief der kleine Vampir und starrte auf seinen Teller.

»Falsch gekocht«, murmelte seine Mutter, »na du bist mir einer.«

»Doch, zum goldigen Osterlämmchen! Ich kann gar keinen Unterschied zwischen dem Nachtisch und der Krötensoße schmecken. Außer, dass das eine kalt und das andere warm ist«, fuhr Jaron entsetzt fort.

»Jaron, du sollst nicht immer so schreckliche Schimpfworte verwenden«, mahnte seine Mutter streng. »*Goldiges Osterlämmchen* will ich in dieser Gruft nicht hören, alles klar?«

»Alles klar«, erwiderte Jaron und streckte seiner Mutter die Zunge raus.

»Jaron«, schimpfte seine Mutter, »jetzt ist es aber genug!«

»Gu gollcht gir goch nur meime Hunge anhaun«, sagte der kleine Vampir und deutete auf seine Zunge.

Die Mutter seufzte. »Unfug, mit der ist alles in Ordnung. Und gekocht habe ich auch richtig. Dass du nichts mehr schmecken kannst, hat etwas mit deiner Nase zu tun«, erklärte sie.

»Aber ich schmecke doch nicht mit der Nase!«, empörte sich der kleine Vampir und tunkte zum Beweis seine Nase in den Nachtisch.

Jarons Mutter schüttelte den Kopf. Wo sollte das nur hinführen?

»Siehst du, Mutti«, meinte der kleine Vampir, »hat nicht funktioniert.«

Die Mutter reichte ihrem Sohn ein Taschentuch, nahm ein Stück Kohle aus dem Kamin und begann, etwas an die Gewölbewand zu zeichnen.

»Sieh her«, sagte sie und zeichnete eine Nase, einen Mund und einen Rattenburger.

»Hm, lecker, Rattenburger«, sagte Jaron. »Fehlt nur noch Ketchup.«

Lächelnd malte seine Mutter einen Klecks Ketchup dazu.

»Geschmack entsteht nicht nur durch das, was die Zunge beim Essen schmeckt, sondern auch durch das, was die Nase dabei riecht. Nur wenn beide zusammenarbeiten«, die Mutter deutete auf den Mund und die Nase, »kommt der Geschmack heraus, den du vom Rattenburger kennst.«

»Aber in der Schule haben wir gelernt, dass die Zunge fünf Geschmäcker von ganz alleine erkennt: süß, sauer, bitter, salzig und noch was …«, der kleine Vampir überlegte. »So ein seltsames Wort, irgendwas mit Mami oder Omi.«

»Umami«, sagte die Mutter. »Was so viel heißt wie herzhaft-würzig-köstlich. Und manche Forscher glauben, dass es auch noch einen sechsten Geschmack gibt, nämlich fettig. Ganz früher dachte man, dass es auf der Zunge bestimmte Bereiche für jede Geschmacksrichtung gibt. Das stimmt aber nicht. Du kannst überall auf der Zunge jeden Geschmack feststellen. Es gibt nur eine Ausnahme: Bitter schmeckt man am ehesten ganz hinten auf der Zunge. Das hat die Natur als Schutz schlau eingerichtet: bevor man etwas Bitteres, also wahrscheinlich Giftiges oder Ungenießbares, runterschlucken kann, wird man noch ein allerletztes Mal gewarnt.«

»So wie gestern bei dem Fiebersaft. Bäh, eklig nach süßer Schokolade hat der geschmeckt. Ich hätte das fürchterliche Zeug auch beinahe wieder ausgespuckt. Aber ich musste es ja runterschlucken.«

»Brav gemacht«, lobte seine Mutter und klopfte dem kleinen Vampir anerkennend auf die Schulter. »Aber gegen die Zunge mit ihren mickrigen fünf Geschmacksrichtungen ist die Nase ein Meisterchampion! Sie kann Tausende von Gerüchen unterscheiden. Tau-sen-de! Das macht sie mit ihren Riechzellen. In der Nase gibt es Millionen davon! Wenn du also etwas kaust, löst sich daraus das Aroma und gelangt über den Rachen in die Nase. Dort wird es von den Riechzellen registriert, und die leiten das Ergebnis dann ans Gehirn weiter.«

»Leitet die Zunge ihre Ergebnisse auch ans Gehirn weiter?«, fragte Jaron.

»Aber ja«, erwiderte die Mutter. »Und erst im Gehirn werden die Geruchswahrnehmung der Nase und die Geschmacksempfindungen der Zunge zu einem Gesamtergebnis zusammengemischt. Und das ist dann der Geschmack.«

»Und weil meine Nase vom Schnupfen verstopft ist, kann sie auch nichts riechen und nichts ans Gehirn melden.«

»Genau«, sagte Jarons Mutter. »Dazu gibt es sogar ein Experiment.«

»Ein Experiment?«, fragte der kleine Vampir.

»Ja, denn um zu zeigen, wie sehr man die eigene Nase zum Schmecken braucht –«

»– muss man sich nur einen Schnupfen holen«, fiel Jaron seiner Mutter ins Wort.

»Stimmt«, sagte sie lachend, »aber es geht auch viel einfacher. Man verbindet sich die Augen und hält sich die Nase zu. Dann lässt man sich verschiedene Sachen in den Mund stecken. Und du kannst mir glauben, es ist goldig schwierig, auf diese Weise den Unterschied zwischen einem Apfel und einer Gurke zu schmecken.«

»Jetzt hast du es selber gesagt«, rief Jaron triumphierend.

»Was denn?«, wunderte sich die Mutter.

»*Goldig*«, rief Jaron.

»Hoppla«, sagte seine Mutter und hielt sich die Hand vor den Mund.

12. Können Blinde lesen?

»Ja … Mhm … Ja … Ja … Okay«, sagt Oma.

Sie telefoniert.

»In Ordnung … Ja … Ja … Aha … Nein … Oh, gerne …«

Oma telefoniert immer noch.

»Gut, dann also am Dienstag. Um zehn … Ja … Uff, hoppla, aua!«

Oma reibt sich den Bauch.

»Nein, nein, alles klar, ich hatte nur gerade einen kleinen Zusammenstoß mit meiner Enkelin … Ja, da sagen Sie was … Gut, dann also … danke und auf Wiederhören.«

Oma legt den Hörer auf.

»Entschuldigung, Omi, tut's noch weh?«, fragt Eva und torkelt mit weit nach vorne gestreckten Armen weiter durch die Wohnung.

»Nein, schon gut, meine Kleine, aber sag mal, was spielst du denn da eigentlich? Du stößt mir ja überall dagegen«, ruft Oma und stürzt auf ihre Vitrine zu. Im letzten Moment kann sie ihre geliebte lila Glasvase auffangen.

»Na, das ist gerade noch mal gut gegangen«, murmelt Oma und beobachtet Eva, die durch die Wohnung tapst. Sie hat sich die Augen verbunden und trägt um den Arm eine gelbe Serviette, auf die sie drei schwarze Punkte gemalt hat.

»Ich spiele Blindsein«, erklärt Eva und tastet sich vorsichtig um den Couchtisch herum.

»Autsch«, ruft sie, als sie sich das Schienbein stößt und gleichzeitig mit dem Ellenbogen einen Kerzenständer umwirft.

Und weil Oma keine Spielverderberin sein will, aber doch ein wenig in Sorge um ihre Vasen und Gläser ist (und natürlich um Eva), greift sie zu dem Trick mit Evas Lieblingszwergengeschichte.

»Ach du Schreck!«, ruft sie. »Gehst du wohl weg, verschwinde! Eva, komm schnell her, es ist schon wieder einer dieser frechen Knorxplorxler in der Küche. Er hat sich über unseren Milchreis hergemacht.«

»Warte, ich komme«, ruft Eva und reißt sich den Schal von den Augen. Atemlos kommt sie in die Küche gestürzt. »Wo, Omi?«, ruft sie und schaut sich suchend um.

Sie entdeckt ihre Oma in der Speisekammer, doch die schüttelt bedauernd den Kopf. »Ich hätte den Knorxplorxler beinahe gehabt. Aber dann ist er blitzschnell aus dem Fenster geklettert. Ich konnte ihn nur am Mantelzipfel erwischen. Schau!«

Sie hält Eva einen kleinen Fetzen grauen Stoffs hin.

»Ich habe ein richtig schlechtes Gewissen, weil ich ihm den Umhang zerrissen habe«, sagt Oma zerknirscht.

Doch Eva steht vor Staunen der Mund offen.

»Omi, ein echtes Stück von einem Knorxplorxlermantel? Das ist ja Wahnsinn!« Eva hält den Fetzen ans Licht. »Das muss ich unbedingt nachher Helena zeigen. Vielleicht können wir ja auch gemeinsam eine Falle bauen. Dann haben wir ihn bald.«

Oma hat am Nachmittag ihre Freundin Maria eingeladen, die ihre Enkelin Helena mitbringt.

»Gute Idee, mein Kind«, sagt Oma. »Aber das mit dem Zeigen wird nicht funktionieren. Ich hatte dir doch erzählt, dass Helena blind ist.«

»Stimmt«, sagt Eva und geht in die Küche zurück. »Deswegen habe ich nämlich auch gerade blind gespielt. Um mal zu gucken, wie das so ist.«

»Um mal zu *gucken*?«, wiederholt Oma.

Erst ist Eva verwirrt, dann geht ihr ein Licht auf.

»Oh Mann, gucken kann man natürlich nicht, wenn man blind ist. Aber ich sag das ganz automatisch.«

»Da hast du recht. Komm, wir müssen noch Kuchen backen. Schokoladenkuchen schmeckt jedem, ob blind oder nicht«, sagt Oma.

Am Nachmittag ist Eva ziemlich aufgeregt. Sie hat noch nie jemanden kennengelernt, der blind ist. Und ein blindes Kind schon gar nicht.

Ob Helena vielleicht irgendwie anders ist als sie?

Ob man sie vorsichtig behandeln muss?

Ob man sie vielleicht gar nicht auf ihre Blindheit ansprechen darf?

Ob Helena vielleicht ständig traurig ist, weil sie nichts sehen kann?

Als Omas Freundin Maria dann mit ihrer Enkelin endlich kommt, ist

Eva erleichtert. Helena ist einfach nur ein ganz normales Mädchen wie sie selbst. Das einzig Auffällige ist ihre witzige Brille mit den kugelrunden, blausilbernen Gläsern, durch die man Helenas Augen nicht erkennen kann. So eine will Eva auch unbedingt haben!

»Hi«, sagt Helena und streckt zur Begrüßung die Hand aus.

»Hi«, sagt Eva, ergreift die Hand und schüttelt sie. Dann bemerkt sie, dass Helena ein dickes Buch unter dem Arm trägt.

»Was ist das?«, möchte Eva wissen und zeigt darauf.

»Was meinst du?«, fragt Helena.

»Oh, Entschuldigung. Was hast du da für ein Buch?«, fragt Eva.

»Ach das.« Helena reicht Eva das Buch. »*Lotte und Leo – Geheimagenten im Doppelpack*, der dritte Teil. Kennst du das? Ich bin gerade mittendrin. Es ist so spannend, dass ich es einfach mitnehmen musste. Vorhin in der Straßenbahn habe ich auch darin gelesen.«

»Du kannst lesen?«, fragt Eva überrascht und wiegt das schwere Buch in ihren Händen.

»Na klaaaar«, sagt Helena, »was dachtest du denn? Soll ich dir vorlesen? Gerade sind Leo und Lotte am Burgtor angelangt. Es fehlt ihnen nur noch das Lösungswort für den geheimen Zugang zum Schatzversteck.«

»Au ja, das hört sich super an. Ich hab erst Band eins und zwei«, sagt Eva und zieht Helena mit in Omas Wohnzimmer. Dass sie viel neugieriger darauf ist, wie Helena das mit dem Lesen macht, als zu erfahren, ob Lotte und Leo den Schatz finden, verrät sie Helena natürlich nicht.

Helena setzt sich auf die Couch, und Eva gibt ihr das Buch zurück. Es sieht ein wenig anders aus als ihre eigenen *Lotte und Leo*-Bände. Größer, dicker und eigentlich gar nicht wie ein Buch für Kinder. Es hat kein Titelbild vornedrauf und sieht eher aus, als käme es aus einer alten, geheimnisvollen Bibliothek.

Als Helena es aufschlägt, kann Eva nicht glauben, was sie da sieht. »Was ist das denn?«, platzt sie heraus.

In Helenas Buch steht kein einziges Wort! Doch dafür wimmelt es auf den dicken Papierseiten nur so von weißen Tupfen. Es sieht aus, als hätte jemand von hinten Punkte in die Seiten gestanzt, die dann auf der Vorderseite lauter gewölbte Hügelchen ergeben. Eva erinnert das Punktegewimmel an einen Schneesturm. Im Nebel, versteht sich.

»Das ist Braille«, sagt Helena und legt die Fingerspitzen beider Hände sachte oben links auf die Buchseite. Dann gleitet sie damit von Punkt zu Punkt und sagt: »Also, ich fange jetzt an: *Lotte und Leo schlichen geduckt zum Eingang des Burgtores, als plötzlich …*«

»Warte mal«, wird sie von Eva unterbrochen. »Ich verstehe überhaupt nichts mehr. Kannst du zaubern, oder wie hast du das jetzt gemacht? Die Punkte da sollen die Schrift sein? Und wie liest du die? Und *wie* heißt das noch mal? Und das steht da wirklich? Das erfindest du nicht gerade?«

Helena kichert und beginnt, mit ihren Händen in der Luft herumzufuchteln: »Huhhh, Magie, ich bin eine große Zauberin!« Sie grinst. »Nein, es ist ganz einfach. Du bist eine Schwarzschriftleserin, und ich bin eine Punktschriftleserin. Für jeden Buchstaben im Alphabet gibt es eine bestimmte Kombination von Punkten. Die werden von hinten in die Seiten gestanzt und sind dann als kleine Hubbel mit den Fingern spürbar. Fertig ist die Schrift«, sagt Helena und reicht Eva das Buch.

Bewundernd lässt Eva ihre Fingerspitzen über die Punkte gleiten, wie sie es eben bei Helena gesehen hat.

»Diese Schrift für Blinde nennt man Braille, weil der Mann so hieß, der sie erfunden hat«, ergänzt Helena. »Louis Braille.«

Unter Evas Fingerspitzen fühlen sich all die vielen verschiedenen Muster völlig gleich an.

»Dass du da was erkennst! Das könnte ich nie«, sagt sie bewundernd und legt Helena das Buch wieder auf den Schoß.

»Doch, klar, du hast ja auch das Lesen mit den Augen erst lernen müssen. Am Anfang kamen dir die Buchstaben bestimmt auch nur wie komische schwarze Kringel vor, oder? Mir ging das mit den Punkten auch so, aber auf einmal konnten meine Finger dann lesen.«

»Wo hast du das Buch eigentlich her?«, fragt Eva. »Meine Bücher sind viel dünner.«

»Logo«, antwortet Helena. »Die Punkte brauchen ja viel mehr Platz als gedruckte Buchstaben, und das Papier muss auch dicker sein. Wenn *ein* Schwarzschrift-Band *Lotte und Leo* in Punktschrift übersetzt wird, werden daraus *vier* Braille-Bücher. Mama bestellt die Bücher für mich in einer großen Spezialbibliothek. Bücherpakete für Blinde zu verschicken, kostet nämlich nichts. Wenn ich mit *Lotte und Leo* fertig bin, schickt die Post das Paket umsonst wieder zurück, und ich kann mir etwas Neues aussuchen.«

»Toll«, sagt Eva staunend. Ihr brummt der Kopf von den vielen Neuigkeiten. Außerdem hat sie Hunger. »Omi und ich haben Kuchen für euch gebacken. Sollen wir uns ein Stück holen, und dann liest du weiter vor?«

»Gute Idee«, entgegnet Helena.

Bevor sie aufsteht, lauscht sie eine Weile den Geräuschen in der Wohnung. Oma und ihre Freundin klappern mit den Kaffeetassen, tratschen und lachen. Dann beginnt Helena, sich geschickt auf den Kaffeetisch zuzutasten.

»Wie hast du das jetzt gemacht? Du kennst dich doch hier überhaupt nicht aus«, fragt Eva und schnappt sich zwei Teller.

»Ich habe den Weg gehört«, erwidert Helena.

»Du kannst also mit den Fingern lesen und mit den Ohren sehen. Irre!«, stellt Eva fest. Vorsichtig legt sie zwei Stücke Kuchen auf die Teller.

»Mmmm, Schokolade. Mein Lieblingskuchen«, stellt Helena fest und strahlt.

»Woher weißt du das denn nun wieder?«, fragt Eva verdutzt.

Helena tippt sich an die Nasenspitze.

»Na, die funktioniert ganz gut«, sagt sie und beißt in ihren Kuchen.

13. Ist Pipi immer gelb?

Ob Pipi immer gelb ist? Bei gesunden Menschen schon. Mal heller, mal dunkler, doch insgesamt immer irgendwie gelblich. Aber es gibt da einen Trick, wie man ruckzuck eine andere Farbe hinbekommt. Allerdings klappt das nicht bei jedem.

Bei Bastian und seinem Opa schon. Doch das ist ein großes Geheimnis zwischen den beiden. Und deswegen kann ich es hier natürlich nicht verraten.

Ende der Geschichte.

… Okay, schon gut, überredet! Ich erzähle es. Aber nur, wenn du es niemandem weitersagst.

Bastian verbringt wie jedes Jahr die herrlichsten Weihnachtsferien, die man sich nur vorstellen kann: im Wochenendhaus seiner Großeltern, weit oben in den Bergen. Am Morgen des 24. Dezembers fällt Bastian zusammen mit Papa und Opa den Weihnachtsbaum. Dafür rasen sie auf einem Motorschlitten in den Wald. Sie lassen sich mit dem Aussuchen des Baumes eine Menge Zeit, weil Papa einfach nicht aufhören will, mit Opas Rennschlitten herumzudüsen. Bastian natürlich auch nicht. Im Slalom um die Tannen. Was für ein Spaß!

Am Nachmittag hilft Bastian Oma und Mama beim Schmücken des Baumes. Leider muss Opa die Tanne in zwei Hälften sägen, weil der riesige Baum einfach nicht in die kleine Stube passen will. Die Spitze wird der Weihnachtsbaum, und den unteren Teil stellen sie auf die Terrasse vor der Hütte. Papa schlingt eine Lichterkette darum.

Drin hängen Oma und Mama winzige rote und glänzend polierte Äpfelchen in die Äste des Tannenbaumes. Dazu kommen Strohsterne, Zuckerstangen und silberne Kugeln. Bastian setzt funkelnde Kristalle, Schneeflocken aus Watte und winzige Engelchen dazu. Zum Schluss steckt Oma dicke, hellgelbe Bienenwachskerzen auf die Zweige. Der honigfeine Geruch des Bienenwachses vermischt sich mit dem Tannennadelduft und dem süßen Aroma der kleinen Äpfelchen. Bastian atmet tief ein und schwört sich wie jedes Jahr, diese wunderbare Duftmischung in seinem ganzen Leben niemals zu vergessen.

Als am Abend die Bescherung stattfindet, fallen draußen still die Schneeflocken auf den froststarren Wald. Unten im Tal funkeln die Lichter des Dorfes, die Kerzen brennen, und alle sind in schönster Weihnachtsstimmung.

Am nächsten Tag verabschieden sich Mama und Papa, um wie immer ein paar Tage alleine zu verreisen.

»Es kann losgehen, Opa«, ruft Bastian fröhlich, nachdem er seinen Eltern zum Abschied gewinkt hat, und stürmt in die Hütte zurück. Jetzt kommt der Teil der Ferien, der Bastian fast so viel Spaß macht wie Heiligabend.

Opa klatscht in die Hände und grinst.

»Ich dachte, sie fahren nie«, scherzt er. »Mein Magen knurrt schon.«

Bastian und Opa schnappen sich einen Korb, stapfen die schmale Treppe in den eiskalten Keller hinab und betreten den Vorratsraum. Das, was sie holen wollen, liegt unscheinbar, knollig, dunkel und völlig langweilig im Regal. Fast könnte man meinen, es handele sich um ganz normale Kartoffeln.

Es sind aber keine. Weder normale, noch Kartoffeln.

Bastian und Opa sammeln ein paar Knollen in den Korb und bringen ihn in die Küche. Dann setzen sie sich an den Tisch, auf dem Oma schon eine dicke Lage Zeitungspapier ausgelegt hat. Die geheimnisvollen dunkelviolettbraunen Knollen nennt man Rote Beten. Und die haben es in sich. Wenn du jemals eine Rote Bete geschält hast, dann weißt du, was Bastian und seine Großeltern jetzt erwartet.

Opa verteilt dünne weiße Gummihandschuhe und kleine Küchenmesser.

Und dann geht es den Knollen an den Kragen. Unter der dunklen Schale sind Rote Beten nämlich purpurrot. So unglaublich dunkelpurpurrubinblutrot, dass der Saft alles rot färbt, was mit ihm ihn Berührung kommt. In kürzester Zeit sieht es deswegen in der Küche der kleinen Berghütte auch aus, als hätten Oma, Opa und Bastian etwas geschlachtet und nicht nur Rote Beten zerteilt. Nach dem Schälen wäscht Oma die blutroten Kugeln ab und raspelt sie mit der Küchenreibe. Dabei entsteht jede Menge Saft, den sie in einen Krug abfüllt. Oma würzt die geriebenen Rote Beten mit Salz und Pfeffer, gehackten Zwiebeln, etwas gekörnter Fleischbrühe und getrockneter Petersilie. Sie gibt Essig und Öl dazu und schmeckt den Rote-Bete-Salat mit ein bisschen Zitronensaft ab.

Opa und Bastian kneten unterdessen Teig für Fladenbrote. Bastian darf die Teigplatten formen und bestreut sie mit etwas schwarzem Kümmel. Im Holzofen knistert schon erwartungsvoll das Feuer, als Bastian und Opa die Fladen hineinschieben. Nach kurzer Zeit verbreitet sich in der Hütte ein köstlicher Geruch nach frischem Brot. Bastian läuft das Wasser im Mund zusammen.

Als die Brote fertig gebacken sind, versammeln sich die drei um den Tisch, und Oma verteilt den frischen Salat, gießt den Rote-Bete-Saft aus dem Krug in hohe Gläser und reicht jedem einen duftenden, knusprigen Brotfladen. Bastian bricht sich vorsichtig ein Stückchen ab und tunkt es erwartungsvoll in den Rote-Bete-Saft auf seinem Salatteller. Sofort saugt sich das Brotstück mit der blutroten Flüssigkeit voll, und Bastian führt es blitzschnell zum Mund. Auf diesen ersten Bissen freut er sich das ganze Jahr!

In den nächsten Stunden verkneifen es sich Bastian und sein Opa tapfer, aufs Klo zu gehen. Warum? Das erfährst du jetzt!

Bastian und Opa verdrücken sich nämlich bald nach dem Essen in den Wald. Zu einer Wanderung. Sie ziehen sich warm an und schnallen ihre Schneeschuhe unter. Langsam und einträchtig stapfen sie nebeneinanderher und genießen die Stille des verschneiten, weißen Winterwaldes. Nach einer Stunde Fußmarsch kann Bastian nicht mehr.

»Jetzt kann ich's nicht mehr aushalten, Opa«, japst er, schnallt sich hektisch die Schneeschuhe ab und hüpft ungeduldig von einem Bein auf das andere.

»Ich auch nicht«, entgegnet Opa und schlüpft ächzend aus den Schneeschuhen.

Dann müssen beide lachen. Bastian findet es herrlich, ein so cooles Geheimnis mit seinem Opa zu haben.

Die beiden entfernen sich ein paar Schritte vom Weg und treten tiefer in den weißen, verschneiten Winterwald. Eine dichte, weiße Schneedecke liegt über allem.

Habe ich vielleicht schon oft genug erwähnt, dass Schnee weiß ist? Und dass über allem eine dichte Schneedecke liegt? Eine glitzernd watteweiße? Ich glaube schon. Aber das musste sein, damit du dir besser vorstellen kannst, was Bastian und sein Opa gleich tun werden.

Du ahnst es bestimmt schon.

Die beiden finden einen kleinen Hügel, stellen sich kichernd nebeneinander und … ja, tun, was man eben tun muss, wenn man wie verrückt aufs Klo muss, aber keines in der Nähe ist. In hohem Bogen pinkeln die beiden nun in den Schnee, dass es nur so eine Freude ist. Bastian und Opa haben so viel Rote-Bete-Saft getrunken und Rote-Bete-Salat gegessen, dass ihnen die lustigsten Muster gelingen.

Und zwar keine langweiligen gelben, wie es jeder kann!

Nein, Bastian und Opa pinkeln die schönsten rosafarbenen Bögen, Schlaufen und Schleifen in den Schnee, die man je gesehen hat! Jawohl, denn das kommt raus, wenn man Rote Beten in solchen Mengen verspeist.

Nun kennst du also Bastians und Opas Geheimnis. Ihr Pipi verfärbt sich, weil in den Rüben ein ganz bestimmter Farbstoff enthalten ist. Bei manchen Menschen gelangt der beim Essen ins Blut und von da aus in den Urin, wo er die gelbe Farbe in ein schönes Rosarot verwandelt.

Bei manchen Menschen, wie zum Beispiel bei Oma, funktioniert das übrigens nicht.

Das Einzige, das die Rote Beten bei ihr verfärbt haben, ist ihre helle Bluse, denn sie hatte ganz vergessen, beim Raspeln eine Schürze drüberzuziehen. Überall Spritzer! Doch während Opa und Bastian im Wald sind, tunkt Oma kurzerhand einen feinen Pinsel in ein bisschen Saft und betupft auch noch den Rest der Bluse.

Na, wenn das mal nicht richtig hübsch aussieht!

14. Wozu sind die Tränen da?

»Oh, die Wolken weinen«, sagt Mama, als sie den Rollladen hochzieht.

»Die Wolken weinen?«, murmelt Ella verschlafen und reibt sich die Augen.

»Na ja, immer nur *Es regnet* zu sagen, ist doch auch langweilig«, erklärt Mama und setzt sich zu Ella aufs Bett. »Dieser April geht mir ganz schön auf die Nerven. Es schüttet seit Tagen ohne Pause.«

»Ach Mama, das ist doch gut«, ruft Ella und hüpft aus dem Bett. »Weil ich dann heute den neuen Regenschirm ausprobieren kann, oder?«

Mama zuckt mit den Schultern. »Ach, ich weiß nicht«, sagt sie und lächelt schelmisch.

»Doch, du hast es versprochen«, bettelt Ella und schlingt Mama die Arme um den Hals.

Ellas Mama hat nämlich einen neuen Schirm bestellt. Er kam in einem riesig langen Paket, und Ella ist beinahe geplatzt vor Neugier. Der Schirm ist groß genug für zwei, und das Beste daran: Er ist aus vollkommen durchsichtigem Plastik.

Deshalb ist Ella heute blitzschnell angezogen und kindergartenfertig.

»Komm schon, Mama«, drängelt sie und spannt den neuen Regenschirm auf. Dann stellt sie sich darunter und schaut durch das klare Dach in den Himmel. Die Regentropfen rauschen direkt auf sie zu, ohne sie zu treffen. Ein tolles Gefühl.

Auf dem Weg zum Kindergarten treffen sie Matteo und seinen Papa. Matteo hat seinen kleinen Kinderschirm aufgespannt und hüpft vergnügt von Pfütze zu Pfütze. Plötzlich stolpert er über seine Gummistiefel und schlägt sich das Knie am Bordstein an. Matteo muss fürchterlich weinen. Mama und Ella halten ihren großen Schirm über die beiden, während Matteo von seinem Papa getröstet wird.

»Sehr nass heute, was?«, sagt Matteos Vater und wischt seinem Sohn die Tränen aus dem Gesicht.

Im Kindergarten hilft Mama Ella beim Anziehen der Hausschuhe. Sie gibt ihr noch einen Kuss und begleitet sie bis zur Fröschchen-Gruppe. Doch schon an der Tür hören die beiden fürchterliches Geschrei.

»Hoppla«, sagt Mama, »was ist denn da los?«

»Ach«, meint Ella, »das ist nur Ilenia. Sie ist neu und will wahrscheinlich nicht, dass ihre Mama wieder geht.«

»Oh«, sagt Mama mitleidig, als auch schon die Tür des Gruppenraums aufgeht und ihr eine Frau entgegenkommt. Sie läuft schnell zum Ausgang des Kindergartens. Aber Mama hat trotzdem gesehen, dass sie Tränen in den Augen hatte.

»Die Arme«, murmelt Mama, »ich kenne das. In der ersten Zeit zerreißt es einem immer das Herz.«

Doch als Mama und Ella den Gruppenraum betreten, stellen sie fest, dass sich Ilenia schon fast wieder beruhigt hat. Mama gibt Ella noch ein Abschiedsküsschen und verschwindet dann.

Heute startet der Tag mit der großen Vorleserunde. Darauf freut sich Ella immer ganz besonders. Alle Fröschchen-Kinder versammeln sich im Ruhe-Raum und kuscheln sich gemütlich auf Kissen, Polster und Decken. Frau Blümlein zündet eine Duftkerze an, legt den Arm um Ilenia und hält ein Buch hoch.

»Heute lesen wir ›Tränengeschichten‹«, kündigt sie an.

»Oh nein«, ruft Ella dazwischen, »nichts Trauriges! Es weinen schließlich schon die Wolken, Matteo und Ilenia.«

»Na, dann passt das doch sehr gut. Ein ganz schön tränenreicher Tag, was? Aber keine Sorge, ihr werdet gleich sehen, dass Tränen nicht nur bei Kummer fließen«, sagt Frau Blümlein und schlägt das Buch auf.

In der ersten Geschichte geht es um einen Koch, der die Nase voll davon hat, beim Zwiebelschneiden immer weinen zu müssen. Deshalb probiert er verschiedene Sachen aus, aber nichts hilft dagegen. Bis er auf die Idee kommt, beim Zwiebelschneiden einfach seine Taucherbrille aufzusetzen. Das Bild dazu sieht so lustig aus, dass Oskar einen Lachanfall bekommt. Und wenn Oskar einmal lacht, kann er nicht so schnell wieder damit aufhören. Natürlich steckt er auch die anderen Kinder an, und schließlich kichern alle Fröschchen-Kinder gemeinsam. Oskar laufen inzwischen Tränen aus den Augen, und Frau Blümlein reicht ihm lächelnd ein Taschentuch.

»Lachtränen, seht ihr. Die gibt's nämlich auch«, sagt sie und beginnt mit der nächsten Geschichte. Am Ende des Buches haben die Kinder jede Menge verschiedene Tränenarten kennengelernt.

»Also«, sagt Frau Blümlein und klappt das Buch zu, »wisst ihr noch, welche verschiedenen Tränen es gibt?«

»Lachtränen«, ruft Oskar und hickst. Er hat immer noch Schluckauf vom Gekicher.

»Zwiebeltränen«, sagt Johanna. »Weil beim Zwiebelschneiden Dämpfe aus der Zwiebel kommen, die im Auge brennen, und dann macht das Auge Tränen, damit das Gift verdünnt wird und aus den Augen rausfließt.«

»Prima«, lobt Frau Blümlein.

»Babytränen«, ergänzt Luzy. »Weil ein Baby ja noch nicht sagen kann, was es will, schreit es und macht Tränen. Die Tränen sind ein Sinal.«

»Ein Sig-nal, genau«, hilft Frau Blümlein. »Damit jemand kommt und schaut, was los ist. Gut aufgepasst, Luzy.«

»Kummertränen gibt's auch noch«, sagt Joschua. »Wenn der Hamster gestorben ist zum Beispiel.«

»Und wenn man sich wehgetan hat«, sagt Mascha, »muss man auch weinen.«

»Du meinst Schmerztränen?«, fragt die Erzieherin. Mascha nickt.

»Und Wuttränen«, fällt Ella ein. »Beim Streit oder wenn einem die Eltern nicht erlauben, noch ein bisschen länger fernzusehen.«

Die Kinder nicken bestätigend. Das haben sie alle schon mal erlebt.

»Fallen euch noch andere Tränenarten ein, solche, die nicht im Buch vorkamen?«, fragt die Erzieherin.

»Ja!«, ruft Viktoria. »Spültränen.«

Die Kinder lachen.

»Warum musst du denn beim Geschirrspülen weinen?«, fragt Ella.

»Tu ich doch gar nicht«, antwortet Viktoria. »Ich meine doch Rausspültränen. Die kommen, wenn einem was ins Auge fliegt. Oder unter die Kontaktlinse gerät. Das passiert meiner Mama immer. Dann ruft sie: ›Hilfe, Kontaktlinsenalarm!‹, und kriegt ganz wässrige Augen.«

Frau Blümlein lacht. »Das geht mir auch immer so«, bestätigt sie und zeigt auf ihre Augen. »Ich trage nämlich auch Kontaktlinsen.«

»Ich weiß noch was«, murmelt Ilenia schüchtern in ihren Rollkragen. »Krokodilstränen.«

»Wow«, staunt die Erzieherin, »toll, Ilenia. Kannst du uns auch erklären, was du damit meinst?«

Ilenia schüttelt heftig den Kopf und kriecht noch weiter in ihren Pullover.

»Jemand von euch?«, fragt Frau Blümlein in die Runde.

»Na, die Tränen von einem Krokodil, ist doch klar«, sagt Fritz.

»Aber nicht nur«, erklärt Frau Blümlein. »Denn das Wort Krokodilstränen hat zwei Bedeutungen. Wenn ein Krokodil seine Beute verspeist, dann laufen ihm dabei Tränen aus den Augen. Für uns Menschen sieht das so aus, als ob das Krokodil plötzlich ein schlechtes Gewissen bekommen hätte, dass es ein anderes Tier auffrisst. Aber Krokodile kennen kein schlechtes Gewissen, sie haben einfach Hunger. Doch beim Auf- und Zuklappen das Mauls«, Frau Blümlein reißt ihren Mund ein paarmal weit auf, »benutzt es bestimmte Muskeln, und dadurch werden die Tränendrüsen veranlasst, Flüssigkeit auszuscheiden. Also, denen tut es gar nicht leid, wenn sie ein anderes Tier fressen! Beim Menschen nennt man Tränen, die nicht echt sind, Krokodilstränen. Wenn jemand Mitleid oder Traurigkeit nur vorspielt, also heuchelt. Dann sagt man zum Beispiel: Spar dir deine Krokodilstränen.«

»Aha«, ruft Nick und klingt dabei ganz entrüstet, »dann waren das gestern Krokodilstränen, die mein kleiner Bruder geheult hat. Denn es hat ihm bestimmt nicht leidgetan, dass er meine Burg kaputt gemacht hat.«

»Doch«, meint Frau Blümlein, »ich glaube schon. Wenn Kinder weinen, meinen sie das auch ernst. So richtig echte Krokodilstränen bekommen eigentlich nur Erwachsene hin.«

»Und Krokodile natürlich«, sagt Ella.

»Genau. Reden wir jetzt mal über das Weinen. Wegen eines Gefühls oder einer Stimmung schluchzen und heulen, das scheinen nur wir Menschen zu können«, erklärt Frau Blümlein. »Und wisst ihr, was das Seltsame an der Weinerei ist? Die Forscher wissen immer noch nicht so ganz genau, warum man das eigentlich tut. Was meint ihr, warum weinen wir, wenn uns die Eiskugel aus der Waffel fällt, wir uns missverstanden fühlen oder einen Streit haben?«

»Weil eh nix anderes nutzt«, sagt Clara.

»Wozu nutzt?«, fragt Frau Blümlein.

»Na, dass sich was ändert. Man weint doch, weil was passiert ist, was nicht gut war, und man will, dass es wieder anders wird«, erklärt Clara.

»Aber durch das Weinen alleine ändert sich doch auch nichts. Weinen kann doch nichts rückgängig machen, oder?«, hakt Frau Blümlein nach.

»Mann, Frau Blümlein, du kapierst heute aber echt nix«, seufzt Eric und lässt sich stöhnend in einen Kissenhaufen sinken.

Ella kichert. »Das ist doch logo«, erklärt sie Frau Blümlein, »die Menschen weinen, damit sie Liebe kriegen, und das ändert alles!«

Die Fröschchen-Kinder nicken bestätigend. Ja, Liebe ändert alles, das weiß doch wohl wirklich jeder!

Frau Blümlein staunt.

»Donnerwetter, ihr Fröschchen-Kinder seid zusammen schlauer als alle Tränen-Forscher dieser Welt«, sagt sie stolz.

Und beim Abschlusslied der Vorlesestunde muss sie immer noch über das nachdenken, was die Kinder gerade gesagt haben.

15. Wieso wird mir schlecht, wenn ich aufgeregt bin?

»Manege frei für die Fabelhafte Fabienne!«, ruft Zirkusdirektor Zatzelfratz.

Die Kapelle spielt einen Tusch. Noch während die Zuschauer klatschen, erlischt das Licht im Zirkuszelt, und nur ein gleißend heller Lichtkegel fällt auf den Boden der Manege. Ein erwartungsfrohes Raunen geht durch die Menge, und ein Musiker beginnt mit dem Trommelwirbel.

Doch Fabienne erscheint nicht. Auch als der Trommler nicht mehr schneller werden kann, bleibt der Lichtkreis leer.

Suchend schwenkt der Scheinwerfer über die Manege. Der Zirkusdirektor schaut ratlos zum geschlossenen Vorhang. Zur Ermunterung lässt der Dirigent die Kapelle einen weiteren Tusch spielen. Vielleicht hat Fabienne ja ihren Einsatz nicht gehört?

Direktor Zatzelfratz macht erneut einige großartige Gesten und kündigt die Fabelhafte Fabienne ein weiteres Mal an. Doch der Vorhang bleibt geschlossen.

Die Zuschauer beginnen zu tuscheln.

Was ist geschehen?

Eilig hastet der Zirkusdirektor auf den Vorhang zu, greift mit einer

Hand in den Spalt hinein und zerrt den verdutzten Clown Ludwig an seiner langen Krawatte heraus.

»Meine Damen und Herren, unser Programm hat sich kurzfristig geändert. Sehen Sie mit einer Zugabe: Ludwig Lustig, unseren tollpatschigen Clown!«

Der Direktor gibt Ludwig einen aufmunternden Schubs. Ludwig ist total überrumpelt und stolpert über die riesengroßen Clownsschuhe, verliert seinen Blumenhut und landet auf dem Popo. Die Kapelle spielt Stolper- und Hinfallgeräusche, Ludwig Lustig schneidet Grimassen, und das Publikum lacht aus vollem Halse.

Während der Clown seine Späße macht, huscht der Zatzelfratz hinter die Bühne.

»Wo ist meine Tochter?«, fragt er. »Fabienne müsste längst auf der Bühne sein und jonglieren.«

Soraya, die Schlangenfrau, Lorenzo, der Löwenbändiger, Toto und Tati, die Trapezkünstler, Karl-Otto, das Kamel, alle sind da, nur eine fehlt: Fabienne.

»Ich bin hier«, piepst da ein helles Stimmchen.

»Was machst du denn unter dem Tisch, Kleine?«, fragt Zatzelfratz, bückt sich und hebt die Tischdecke hoch. »Du hast deinen Auftritt verpasst.«

»Mir ist schlecht«, murmelt Fabienne und hält sich den Bauch.

»Wohl zu viele Lakritzschnecken gegessen, was?«, fragt der Direktor und zieht eine Augenbraue hoch.

Fabienne zuckt mit den Schultern. »Ich will nicht mehr auftreten, Papa«, sagt sie. »Mir wird jedes Mal so komisch, wenn ich aufgeregt bin.«

Zirkusdirektor Zatzelfratz macht sich so klein wie möglich und kriecht zu seiner Tochter unter den Tisch.

»Ach, darum geht's«, meint er. »Mein Mäuschen hat Lampenfieber.«

»Was soll'n das sein?«, murmelt Fabienne und kuschelt sich an ihren Papa.

»Ich erklär's dir. Der Körper funktioniert im Grunde wie unser Zirkus. Er hat auch ein Programm, an das er sich hält. Nur hat er nicht ein einziges Programm für den ganzen Abend, sondern für jede Situation ein ganz spezielles. Nehmen wir mal an, du hast seit heute Morgen nichts mehr gegessen, dann spult dein Körper sein Hunger-Programm ab. Der Magen knurrt, du bekommst schlechte Laune und so weiter. Im Moment wendet dein Körper das Hu-hu-huuu-Programm an.«

Der Zirkusdirektor wedelt mit flatternden Händen neben seinem Kopf herum und tut so, als ob er sich fürchtet. Fabienne kichert.

»Und wie geht dieses Hu-hu-huuu-Programm?«, fragt sie. Aus ihrer Hosentasche fischt sie eine Lakritzschnecke und beginnt mit dem Abrollen.

»Wenn du etwas Besonderes vorhast, vor dem dir ein wenig bang ist, dann spürt dein Körper diese Aufregung und will dir helfen.«

»Indem er macht, dass ich mich *nicht* in die Manege traue?«, fragt Fabienne. »Das ist doch total doof.«

Direktor Zatzelfratz grinst. »Das nennt man Lampenfieber. Obwohl es kein richtiges Fieber ist. Wahrscheinlich kommt das Wort daher, dass einem von den Lampen auf der Bühne so heiß wird. Und weil man trotz Angst komischerweise gleichzeitig darauf hinfiebert, endlich aufzutreten.«

»Aber warum ist mir dann so schlecht?«, jammert Fabienne.

»Weil dein Körper hört, was du so alles in deinem Kopf denkst.«

»Er hört, was ich denke? Und was soll das sein?«

»Dass du Bammel hast vor dem Auftritt, dass du befürchtest, er könnte schiefgehen, und so weiter, stimmt's?«

Fabienne nickt niedergeschlagen.

»Dein Körper sagt sich also: Am meisten könnte ich Fabienne helfen, indem wir uns aus dem Staub machen. Also nichts wie weg hier. Er bereitet die Flucht vor, sozusagen. In diesem Moment könntest du schnell und weit wegrennen. Dein Körper lässt dich wach und zappelig sein, nervös und blitzgespannt. Das ganze Blut rauscht in die Muskeln, sodass der Magen weniger abbekommt. Davon kriegst du das komische Gefühl im Bauch. Dein Magen verdaut nämlich gerade keine Lakritzschnecken mehr, sondern hält einfach still. Du könntest jetzt abhauen. Alles ist bereit. Willst du das?«

Fabienne zuckt mit den Schultern. »Weiß nicht«, murmelt sie zögerlich.

»Es wäre okay. Du musst nicht auftreten, wenn du nicht willst.«

Fabienne denkt nach. »Weißt du, Papa, ich will eigentlich ja schon, nur …«

»Ha, wusste ich es doch! In dir fließt eben doch echtes Zirkusblut«, sagt Zatzelfratz und streicht Fabienne über die Haare. »Wir müssen deinen Körper also jetzt dazu bringen, vom Hu-hu-huuu-Programm auf das Ja-ja-jaaa-Programm umzuschalten.«

»Das funktioniert niemals, Papa. Ich stelle mir nämlich dauernd vor, wie mir die Bälle runterfallen und dass die Leute dann lachen.«

»Tja, da fragt sich der Körper natürlich: Warum geht sie denn dann da raus? Er ruft: Fabienne, lauf doch einfach weg, komm schon, renn!«

»Aber das will ich ja gar nicht, also nicht so richtig jedenfalls.«

»Eben«, sagt Papa. »Also stellst du dir doch lieber vor –«

»– dass ich es schaffe. Und dass die Leute klatschen«, schlägt Fabienne vor.

»Richtig! Du denkst deinen Auftritt schon einmal vorher im Kopf durch. Jeden einzelnen Schritt. Mit geschlossenen Augen. Du kannst sogar die Jonglierbewegungen dazu machen, das hilft. Und wenn du dann draußen stehst, hältst du kurz inne, konzentrierst dich und atmest ein paarmal tief ein und aus. So geht garantiert nichts mehr schief.«

»Und wenn doch? Es ist so peinlich, sich zu blamieren.«

»Blamieren? Aber vor wem denn? Vor den Leuten da draußen, die nicht mal mit *einem* Ball jonglieren könnten? Du wirst dich doch nicht von irgend so einem Sesselpupser davon abbringen lassen, zu zeigen, was du kannst, oder?«

»Nö!«, sagt Fabienne jetzt trotzig und beginnt, aus der Tischhöhle zu krabbeln.

»Und ich bin sowieso stolz auf dich, ob du es prima hinkriegst oder totalen Bällesalat veranstaltest«, sagt Zatzelfratz.

»Ehrlich?«, fragt Fabienne schüchtern. »Nicht nur, wenn ich alles richtig mache?«

»Quatsch! Wenn du nur noch Bälletohuwabohu machst, ändern wir das Programm und lassen dich einfach zusammen mit Ludwig Lustig auftreten.«

Fabienne hebt das Tischtuch und schaut ihren Vater entrüstet an. Der Zirkusdirektor lacht und kriecht ebenfalls ächzend unter dem Tisch hervor. Als er sich aufgerichtet hat, legt er seine Hände auf Fabiennes Schultern und sagt: »Nein, im Ernst. Ich bin stolz auf dich, weil du etwas wagst. Und das ist gar nicht so leicht. Es gehört nämlich eine Menge Mut dazu, etwas vorzuführen, für das man auch ausgelacht werden kann, wenn es nicht klappt.«

Fabienne nickt. Der Zirkusdirektor wendet sich zum Eingang der Manege.

»Hörst du den Schlussapplaus der Leute für Ludwig Lustig? Ich gehe jetzt raus und kündige dich an, in Ordnung?«

Im selben Moment kommt der Clown durch den Vorhang hinter die Bühne gestolpert.

»Toi, toi, toi«, flüstert er Fabienne zu und nimmt sie in seine bunten Arme. »Weißt du, was mein alter Clownlehrer früher immer zu mir gesagt hat?«

Fabienne schüttelt den Kopf.

»Wenn dir mal etwas nicht gelingt und andere drüber lachen, weine nicht: Sollen sie's doch erst mal selber besser machen!«

Fabienne lacht.

»Du hattest früher auch Lampenfieber?«, staunt sie. Dabei ist Ludwig doch immer so stark und fröhlich.

»Aber klare Kloßbrühe!«, ruft Ludwig und schubst Fabienne sanft zum Vorhang. »Habe ich immer noch. Und ein bisschen davon ist auch gut!«

Das zu wissen beruhigt Fabienne irgendwie am allermeisten, und sie läuft winkend in die Manege.

»Meine Damen und Herren, die Fabelhafte Fabienne mit ihren fünf flinken Flummis«, ruft Papa und zwinkert seiner Tochter zu.

Als der Lichtkegel Fabiennes schillerndes Paillettenkleid erfasst, zaubern die glitzernden Scheibchen einen funkelnden Sternenhimmel an das Dach des Zirkuszeltes.

Fabienne holt tief Luft und denkt: Pah, weglaufen kann ja jeder!

Und dann wirbelt sie ihre flinken Flummis in der Luft herum, dass einem beim Zusehen der Atem stockt. Und dies ist genau der Moment, in dem Fabienne klar wird, dass sie sich von nichts in der Welt davon abbringen lassen wird, ein echtes Zirkuskind zu sein.

Und schon gar nicht vom Lampenfieber.

16. Wer tappst da nachts im Haus umher?

Tip tap, tip tap.

Tiptaptiptaptiptap.

Hörst du es auch?

Krarr, macht eine Tür. *Quietsch,* eine Holzdiele.

Pssst! Still, es ist nur meine Schwester Luna, die durchs Haus schleicht.

Jetzt geht sie in die Küche. *Patsch, patsch.* Das sind ihre nackten Füßchen. Luna hat keine Hausschuhe an. Brrr, die Fliesen sind bestimmt eiskalt.

Doch Luna merkt nicht mal, dass ich hier bin und sie beobachte. Sie öffnet den Kühlschrank. Hm, lecker, da ist noch ein Schüsselchen Vanillepudding vom Nachtisch. Luna nimmt es heraus. Sie taucht ihren Finger hinein und schleckt den Pudding ab. Wie ein Kätzchen leckt sie auch noch die letzten Reste aus der Schale. Dann greift sie in den Obstkorb. Eine Orange ist jetzt genau das Richtige, mitten in der Nacht. Luna will hineinbeißen wie in einen Apfel.

Stopp, Luna, da ist doch noch die Schale dran! Sanft winde ich ihr die Orange aus der Hand. Lunas Augen sind halb geschlossen, sie guckt nirgendwohin, geradewegs durch mich durch. Man könnte einen Schreck bekommen. Oder sie für einen Geist halten. Oder beides.

Tu ich aber nicht. Denn ich kenne Luna ja schließlich.

Das macht sie eben manchmal. Schlafwandeln, meine ich. Dann setzt sie sich in ihrem Bett auf, öffnet die Augen, streicht ein paarmal die Decke glatt, murmelt Worte, die kein Mensch versteht, steht auf und läuft umher.

Und am nächsten Tag kann sie sich an nichts mehr erinnern: nicht daran, dass sie aus dem Zimmer getapst ist, nicht daran, dass sie den restlichen Rosenkohl vom Mittagessen aufgefuttert hat (obwohl sie Rosenkohl nicht ausstehen kann), und auch nicht, dass sie einmal gegen eine Wand gelaufen ist. Davon ist sie nicht mal aufgewacht, obwohl es wehgetan haben muss. Am nächsten Morgen hatte sie sogar eine Beule auf der Stirn.

Luna ahnt nicht, dass sie manchmal schlafwandelt. Wir haben es ihr auch noch nicht erzählt. Zumindest nicht so richtig. Nur mal kurz nachgefragt, ob sie eigentlich weiß, dass sie nachts hin und wieder umhergeistert. Aber sie wusste gar nicht, wovon wir sprechen. Und das ist auch gut so, denn es ist besser, wenn sie sich keine Sorgen deswegen macht. Das machen wir ja auch nicht.

Viele Kinder schlafwandeln, sagt Mama. Bei den meisten hört das irgendwann auf. Von ganz alleine, wenn sie älter werden.

Wir haben an Lunas Zimmertür ein kleines Glöckchen angebunden. Einer aus unserer Familie wird immer wach, wenn das Glöckchen bimmelt, und sorgt dann dafür, dass unser kleines Nachtgespenst wieder sicher in sein Bettchen zurückgesteuert wird. Aufwecken darf man sie nämlich nicht, die Schlafwandler. Sie bekämen einen Riesenschreck. Schließlich gehen sie ja davon aus, dass sie gerade im Bett liegen und selig schlummern. Nur der Körper ist munter, nicht der Verstand, sozusagen.

Oma Marianne sagt, Luna habe das Schlafwandeln bestimmt von Mama geerbt. Die sei früher andauernd raus in den Hühnerstall gegeistert. Darüber muss Mama immer lachen und behauptet, das sei purer Quatsch.

Opa erzählte mir, dass vor langer Zeit die Leute beim Schlafwandeln öfters auf ihr Dach geklettert sind. Man nahm an, sie wollten dem Licht des Mondes näher sein. Deshalb nannte man das Schlafwandeln früher Lunatismus. Luna ist nämlich Lateinisch und heißt Mond.

Und darum passt der Name Luna ja auch so gut zu unserem eigenen kleinen Nachtgespenst.

17. Kann ich auch kopfüber trinken?

Heute sind Jan und Mathilda Fledermäuse.

Schon seit dem Aufstehen. Die beiden haben den Rollladen unten gelassen und kein Licht angeschaltet. Dann sind sie durchs Zimmer geflattert und überall angestoßen. Fledermäuse stoßen niemals irgendwo an, schließlich orientieren sie sich mit Ultraschall und Echoortung, aber das war Jan und Mathilda piepegal, denn sie haben sich schlapp gelacht bei all dem Gerumse.

Beim Anziehen sind sie auf die Idee gekommen, sich von oben bis unten komplett in Schwarz zu kleiden. Das war gar nicht so einfach, denn Mathilda hat vor allem rosarote Klamotten und Jans sind entweder dunkelblau oder olivgrün. Zum Glück hatte Mama jede Menge schwarze Pullover und auch ziemlich viele dunkle Strumpfhosen, die sich Jan und Mathilda bis über die Schultern ziehen konnten, wo sie sie mit Wäscheklammern festgeklemmt haben.

Jetzt hängen Jan und Mathilda die langen Pulloverärmel über die Hände, fast wie echte Fledermausflügel. Sie flattern in die Küche und beschließen, auf Fledermausart zu frühstücken. Dazu wirft Mathilda ein Honigpops nach dem anderen in die Luft, die Jan im Flug auffangen muss.

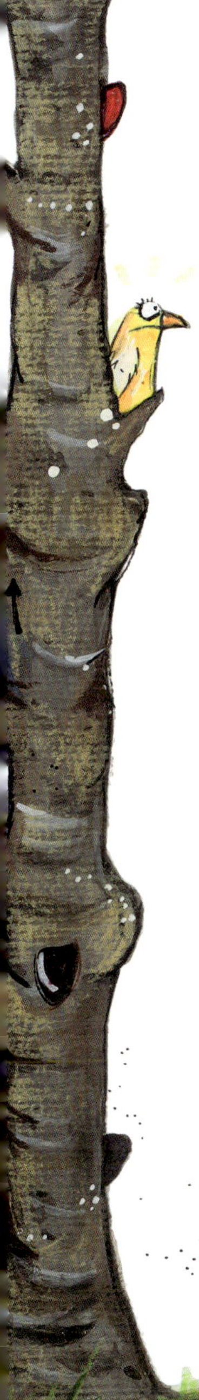

Mama guckt skeptisch. Ein Fledermaustag, na, das kann ja heiter werden!

Sobald Jan und Mathilda genügend Pops aufgeschnappt haben, scheucht Mama die beiden in den Garten. Leider scheint heute die Sonne, und es ist so gar nicht fledermausig gruseldunkel. Doch Jan hat schon die nächste Idee. Flink verbinden sich die beiden die Augen, und schon haben sie wieder das passende Fledermausgefühl. Kichernd flattern die Geschwister im Garten umher.

Irgendwann hängt sich Mathilda kopfüber an das Klettergerüst und schlingt die langen Ärmel um ihren Oberkörper. Dann baumelt sie still vor sich hin …

»Gute Nacht«, sagt sie.

Jan staunt. Darauf ist er gar nicht gekommen. Klar, Fledermäuse hängen kopfüber in Höhlen! Flugs hängt er sich neben seine Schwester. Ziemlich lange baumeln die beiden mit dem Kopf nach unten hin und her.

»Fledermausspielen ist anstrengend«, ächzt Mathilda nach einer Weile mit hochrotem Kopf. »Ich hab voll Durst.«

»Ich auch«, meint Jan.

»Ich hol mir was«, sagt Mathilda und lässt sich hinunterplumpsen.

»Bring mir was mit, ja?«, fragt Jan.

»Spinnst ja«, stellt Mathilda fest.

Also lässt sich auch Jan von der Stange fallen, und beide rennen ins Haus.

»Warte mal«, meint Mathilda, bevor Jan sein Wasserglas zum Mund heben kann. »Wollen wir nicht kopfüber trinken?« Noch bevor Jan antworten kann, schnappt sie sich die beiden Trinkflaschen und flirrt zum Klettergerüst zurück.

»Das klappt nie!«, ruft Jan. »Man kann doch nicht über Kopf trinken. Da läuft doch alles wieder aus einem raus.«

»Glaub ich nicht«, sagt Mathilda und hängt sich an die Stange. »So, ich trinke jetzt.«

»Halt«, ruft Jan, »ich mach auch mit.«

Jan und Mathilda fummeln kichernd und schimpfend mit ih-

ren Flaschen herum. Es ist gar nicht so einfach, sie im richtigen Trinkwinkel zu halten, denn das Wasser läuft ja immer noch Richtung Erdboden.

Glucksend gelingt es Jan und Mathilda schließlich, einen Mundvoll Sprudel zu nehmen.

»Geg glucken«, sagt Mathilda und prustet das Wasser wieder aus. »Jetzt schlucken, wollte ich sagen«, und sie muss lachen.

Nach ein paar Versuchen haben Jan und Mathilda tatsächlich ein paar Schlucke getrunken. Dabei ist ihnen zwar Sprudel in Nase und Augen geraten, aber das macht den beiden überhaupt nichts aus.

»Siehste, wusste ich doch, dass es funktioniert«, meint Mathilda und springt auf die Füße.

»Aber wieso bloß?«, fragt sich Jan. »Egal, wo unser Kopf ist, die Erde ist immer unten. Und die Erde zieht alles an. Das ist doch diese Anziehkraft, die es auf dem Mond nicht gibt. Also müsste die doch auch den Sprudel anziehen.«

»Erdanziehung, meinst du das?«, fragt in diesem Moment der Nachbar über den Zaun. Mit einer großen Schere ist er damit beschäftigt, seiner Hecke die Form einer Kuh zu geben. Dr. Rüdiger ist Tierarzt, sogar auf seinem T-Shirt ist ein Frosch abgebildet.

»Genau«, ruft Jan und flattert an die Hecke. »Warum können wir dann kopfüber trinken?«

»Essen und Trinken hat nichts mit der Erdanziehung zu tun. Dass das Wasser in den Magen gelangt, dafür ist die Speiseröhre zuständig.« Dr. Rüdiger senkt die Heckenschere und erklärt weiter. »Die verbindet den Mund mit dem Ma-

gen. Normalerweise flutscht das Essen darin wie auf einer Rutschbahn in den Bauch. Wenn man aber gerade auf dem Kopf steht, wendet die Speiseröhre einen Trick an. Und der geht so.« Dr. Rüdiger tut so, als ob er mit den Händen an einem Schlauch entlangknetet: »Das nennt man Peristaltik. Durch diese wandernde Wellenbewegung der Speiseröhre wird der Speisebrei oder der Schluck in den Magen transportiert. Und nichts fließt wieder raus.«

»Außer …«, sagt Jan und macht sein spezielles Achtung-jetzt-kommt-gleich-was-Ekliges-Gesicht.

»Außer?«, ruft Mathilda erwartungsvoll, die Jans spezielles Achtung-jetzt-kommt-gleich-was-Ekliges-Gesicht natürlich kennt.

»Außer?«, fragt Dr. Rüdiger neugierig, der Jans Achtung-jetzt-kommt-gleich-was-Ekliges-Gesicht noch nie gesehen hat.

»Außer man kotzt«, ruft Jan triumphierend. »Dann muss die Speiseröhre die Wellenbewegungen auch andersrum machen.«

»Richtig«, ruft Dr. Rüdiger. Lachend schnippelt er an einem Horn der Kuh herum. »Absolut exakt, umgekehrt geht es natürlich auch. Wie bei diesem Prachtexemplar hier.«

»Ihre Heckenkuh musste sich übergeben?«, fragt Mathilda.

»So ähnlich«, erklärt Dr. Rüdiger. »Echte Kühe sind Wiederkäuer. Das heißt, sie würgen den vorverdauten Grasbrei wieder hoch und zermalmen ihn noch mal. Sie haben übrigens vier Mägen, aber …«

»Aber keine vier Speiseröhren, stimmt's?«, sagt Jan.

»Stimmt«, erwidert Dr. Rüdiger. Er zwinkert den Kindern zu und macht sich daran, aus einem kleinen Busch ein Ferkel zu schneiden.

Jan und Mathilda holen sich eine Tüte Kekse und hängen sich wieder kopfüber ans Klettergerüst. »Speiseröhrenperistaltik trainieren!«, verkündet Mathilda und fängt an zu mampfen.

18. Warum klappern wir mit den Zähnen?

»Minus 17 Grad«, stellt Urgroßmutter Olikpok mit einem Blick auf das Thermometer fest. »Für diese Jahreszeit ziemlich warm.«

»Warm?«, ruft Morten und zieht zwei Stühle vor den Kamin. »Also ich finde, noch kälter geht ja fast nicht.«

»Oh doch, mein Schatz«, sagt Uroma Olikpok und setzt sich neben ihren Urenkel. »Oh doch. Vor langer, langer Zeit, als ich noch ein Kind war, da bin ich einmal fast erfroren.«

»Echt?«, fragt Morten. »Bitte, erzähl mir die Geschichte.«

Das Feuer knistert, und die Möbel werfen fröhlich zuckende Schatten an die Wände. In dem kleinen Haus ist es warm und gemütlich. Urgroßmutter Olikpok reicht Morten seinen Becher Süßtee. Draußen heult ein Sturm, doch bei Morten und seiner Urgroßmutter ist es sicher und behaglich.

»Es war die Zeit der Polarnacht, als der Himmel wochenlang dunkel blieb. Ich war acht Jahre alt und durfte meinen Vater das erste Mal bei der Jagd begleiten. Normalerweise war das den Mädchen streng verboten. Doch ich hatte gebettelt und gebettelt. Vater und die anderen Männer des Dorfes packten einen Schlitten mit Fellen, Speeren, Messern und Seehundspeck als Proviant. Schließlich wurden die Huskys in die Zuggeschirre gespannt.

Es hatte tagelang geschneit, all unsere Vorräte waren aufgebraucht. Wenn wir nicht hungern wollten, musste die Jagd unbedingt erfolgreich werden. Ich trug die traditionelle, geschichtete Kleidung aus Bären- und Karibufellen und konnte mich darin kaum bewegen. Es war so kalt, dass mir der Schnodder unter der Nase gefror und in meinen Wimpern der Reif hing.«

Olikpok macht eine Pause und nippt an ihrem Tee. Dann fährt sie fort: »Nach einer langen Reise kamen wir an eine Stelle, die Vater und die Männer für geeignet hielten. Wir waren nicht weit entfernt von der Eiskante, und die Männer würden Robben jagen können. Vater entschied, dass ich Fischen gehen solle. Während ich die Hunde mit dem letzten Rest Futter versorgte, bauten die Männer das Jagd-Iglu. Vater fand eine Eisspalte, in die ich meine Angel halten konnte. Regungslos verharrte ich in der Dunkelheit und wartete darauf, dass etwas anbiss. Unterdessen wollten die Männer mit ihren Harpunen und Speeren bis zum Abend genügend Tiere fangen, um unsere Vorräte aufzufüllen. Ich aber hatte noch keinen einzigen Fisch gefangen und war darüber sehr traurig. Vater schickte mich zum Iglu voraus, um das Qulliq vorzubereiten.«

»Das Qulliq?«, fragt Morten.

»Eine kleine Öllampe, die uns als Licht, Herd und Heizung diente. Ich fühlte mich klein und nutzlos und weinte auf dem Weg zum Iglu. Ich hatte mich so gefreut, auch etwas zum Jagderfolg beizutragen. Ich wollte meinen Vater doch stolz machen! Er sollte nicht bereuen, mich mitgenommen zu haben. Ich nahm mir vor, Schnee zu schmelzen, um schon einmal Tee zu machen. Ich lief und lief, und als ich aufblickte, erwartete ich, vor dem Iglu zu stehen. Doch da war keine Schneehütte. Da war nichts! Dunkelgraues, kaltes, unendliches Nichts. Ohne dass ich es bemerkte, hatte sich ein dichter Nebel herabgesenkt und jede Kontur zum Verschwinden gebracht. Ich konnte die Hand vor Augen kaum mehr erkennen! Ohne jede Vorwarnung begann es plötzlich auch noch zu schneien. Dicke Flocken, die vor meinen Augen tanzten, dass es mir ganz

schwindelig wurde. Panisch drehte ich mich in die Richtung, aus der ich gekommen war, um nach Vater zu rufen. Doch auch das Eisloch und die Männer waren in dem nachtblauen Schneegestöber nicht mehr zu erkennen. Ich schrie, so laut ich konnte, aber der Wind verschluckte jedes meiner Worte. Da blieb ich stocksteif stehen und überlegte fieberhaft, was zu tun sei. Mir fiel ein, dass ich meine Fußspuren zurückverfolgen könnte. Doch als ich suchend auf dem Boden umherblickte, waren auch sie verschwunden. Verweht von einem eisigen Wind, der unerbittlich unter meine Felljacken kroch und sich an mir festbiss.«

Morten schaudert und schaut seine Urgroßmutter mit großen Augen an.

»Blind und weinend tapste ich ein paar Schritte hierhin und dorthin, bis ich beschloss, an Ort und Stelle darauf zu warten, dass sich der Nebel lichten würde. Ich hatte Angst, mich noch mehr zu verirren oder womöglich in eine Eisspalte zu stürzen. Ich kauerte mich auf den Boden und machte mich so klein wie möglich. Der Sturm nahm zu und blies den Schnee neben mir zu einer Wehe auf, die schon rasch so groß wurde wie ich selbst. Stundenlang verharrte ich neben diesem kleinen Schneehügel. Langsam, aber unerbittlich fraß sich die Kälte unter meine Kleidung. Selbst die Stiefel aus Seehundhaut und all die Schichten aus Tierfellen konnten nicht verhindern, dass meine Füße anfingen eiskalt zu werden. Ich konnte sie kaum mehr spüren. Auch meine Lippen, meine Nase und meine Hände taten vor Kälte schrecklich weh. Und dann …«

Olikpok macht eine kleine Pause und betrachtet für einen Moment ihren Urenkel.

»… dann fingen plötzlich meine Zähne an zu klappern. In einem schnellen Rhythmus schlugen sie aufeinander. *Ratatatatak*, *ratatatatak*, ich konnte nichts dagegen tun. Ich weiß noch genau, dass das Zähneklappern nach einer Weile in meinen Ohren so laut klang, dass ich unwillkürlich lachen musste. Ich lachte, weil ich dachte, dass der Nebel vielleicht meine Stimme schlucken könne, mein Vater das Geklapper der Zähne aber wohl bis zum Ende von Grönland hören würde! Und das hat mir letztlich auch das Leben gerettet.«

»Das Zähneklappern? Hat Ururgroßvater das Geklacker tatsächlich gehört?«, fragt Morten erstaunt.

»Nein«, sagt Urgroßmutter lachend. »Es war so: Als Vater nach Stunden von der Jagd kam und feststellte, dass ich nicht im Iglu war, schickte er die Schlittenhunde nach mir aus. Sie haben mich schließlich gefunden. Das Zittern und Zähneklappern jedoch hatte mich davor bewahrt zu erfrieren«, erklärt Olikpok.

»Ich verstehe«, sagt Morten, »du hast so gebebt, dass du einfach nicht gefrieren konntest.«

Urgroßmutter lacht. »So kann man es auch sehen«, sagt sie. »In Wirklichkeit ist es aber so, dass der gesunde Körper eines Menschen eine Temperatur von 37 Grad hat. Für den Fall, dass man anfängt auszukühlen, hat er eine Art Notfallplan. Der Körper beschließt dann nämlich, einfach selbst Wärme zu erzeugen.«

»Und wie macht er das?«, will Morten wissen.

»Durch das Zittern. Dabei bewegen sich nämlich unsere Muskeln, und das erzeugt Wärme. Als Erstes beginnen die Kaumuskeln. Sie sind stark und werden von den Wangen nicht gerade gut vor Kälte geschützt. Also fangen sie völlig unkontrolliert an zu zucken. Dadurch schlagen die Zähne im Ober- und Unterkiefer klackernd aufeinander.«

»Ist dir denn davon wirklich wärmer geworden?«, fragt Morten.

»Nein, das hat nicht ausgereicht«, erwidert Urgroßmutter Olikpok. »Irgendwann fing ich an, am gesamten Leib zu zittern. Meine Schenkel und Waden bebten, meine Schultern und Arme zuckten. Als Vater mich fand, war ich ein zähneklappernder, zitternder Schneeball.«

Morten muss kichern. Doch schließlich meint er nachdenklich: »Du hattest Glück, was?«

»Ja«, sagt Olikpok. »Großes Glück. Kein Wunder, dass ich minus 17 Grad warm finde, nicht wahr?«

»Wie kalt war es denn damals?«

»Es war die kälteste Nacht, die das Volk der Inuit bis dahin je erlebt hatte: Wir maßen minus 61 Grad.«

Morten kann es kaum glauben. Er trinkt einen großen Schluck Tee.

»War dein Vater sauer auf dich?«, will er wissen.

»Erst war er froh, dann war er ein bisschen wütend, und dann war er wieder froh«, erzählt die Urgroßmutter schmunzelnd. »Seitdem heiße ich übrigens Olikpok. Meinen echten Namen habe ich inzwischen ganz vergessen.«

»Was bedeutet das?«, will Morten wissen.

»Olikpok ist Inuktitut und bedeutet so viel wie Schüttelfrost«, erwidert Urgroßmutter und drückt Morten lächelnd an sich.

19. Rätselteil

Rätsel zur Geschichte

„Können Erbsen in der Nase anwachsen?“

Hast du gut aufgepasst und kennst die richtigen Antworten?

1. Was macht Tim mit seinem Bruder Niklas?

    a) Er kitzelt ihn aus.
    b) Er beißt ihn in den Zeh.
    c) Er hält seine Hand.

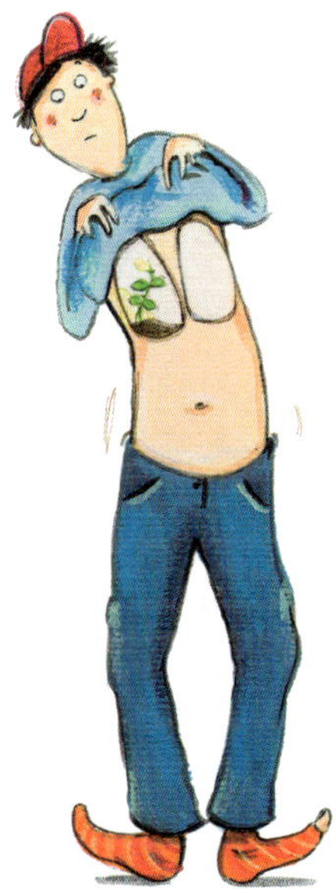

2. Was steckt sich Tim in die Nase?

    a) Eine Erbse
    b) Gurkensalat
    c) Fischstäbchen

Lösung: 1b, 2a

Rätsel zur Geschichte

„Warum schmeckt Ohrenschmalz bitter?"

Setze die Buchstaben der richtigen Antworten der Reihe nach in das Lösungswort ein.

1. Was für ein Tier ist Anatol?

   G Ohrenkneifer
   T Mücke
   U Ameise

2. Für was hält Anatol den Ohrenschmalz?

   L Honig
   E Marmelade
   F Pudding

3. Wohin kehrt Anatol nach seinem Ausflug zurück?

   I Ins Bett
   S In seine Höhle
   U In die Ameisenstraße zu seinen Geschwistern

Lösungswort: A ___ S F ___ ___ G

Lösung: Ausflug

Bilderrätsel

Weißt du, zu welchen Geschichten diese Bilder gehören?

1.

a) Kann ich auch kopfüber trinken?
b) Wofür brauchen wir Spucke?
c) Warum klappern wir mit den Zähnen?

2.

a) Können Blinde lesen?
b) Wozu sind Tränen da?
c) Woher kommen die Popel?

Lösung: 1b, 2a

Rätsel zur Geschichte

„Warum klingt meine Stimme vom Tonband so anders?"

Hast du gut aufgepasst und weißt, welche Aussagen wahr oder falsch sind?

1. Emma war auf einer Geburtstagsfeier bei Paul.

   ☐ wahr ☐ falsch

2. Emma hört ihre Stimme auf dem Anrufbeantworter.

   ☐ wahr ☐ falsch

3. Emma findet, dass ihre Stimme auf dem Anrufbeantworter wie immer klingt.

   ☐ wahr ☐ falsch

4. Die Stimmen von anderen auf einem Anrufbeantworter klingen für uns ganz normal.

   ☐ wahr ☐ falsch

Lösung: 1 wahr, 2 wahr, 3 falsch, 4 wahr

Rätsel zur Geschichte

„Wofür brauchen wir Spucke?"

Hast du gut aufgepasst und kennst die richtigen Antworten?

1. Was essen Leni und ihr Papa im Zoo?

   a) Kuchen
   b) Burger
   c) Eis

2. Was macht das Lama mit Lenis Papa?

   a) Es klaut sein Eis.
   b) Es spuckt ihn an.
   c) Es beißt ihn in die Hand.

Lösung: 1c, 2b

Bilderrätsel

Weißt du, zu welchen Geschichten diese Bilder gehören?

1.

a) Kann man vor Angst wie gelähmt sein?
b) Müssen alle Menschen pupsen?
c) Warum schmeckt Ohrenschmalz immer bitter?

2.

a) Kann ich auch kopfüber trinken?
b) Woher kommen die Popel?
c) Warum klingt meine Stimme vom Tonband so anders?

Lösung: 1a, 2c

Rätsel zur Geschichte

„Kann ich auch kopfüber trinken?“

Hast du gut aufgepasst und weißt, welche Aussagen wahr oder falsch sind?

1. Jan und Mathilda verkleiden sich als Fledermäuse.

   ☐ wahr ☐ falsch

2. Fledermäuse sitzen in Höhlen auf dem Boden.

   ☐ wahr ☐ falsch

3. Die Speiseröhre verbindet den Mund mit dem Magen.

   ☐ wahr ☐ falsch

4. Man kann über Kopf trinken.

   ☐ wahr ☐ falsch

Lösung: 1 wahr, 2 falsch, 3 wahr, 4 wahr

Rätsel zur Geschichte

„Warum klappern wir mit den Zähnen?“

Hast du gut aufgepasst und kennst die richtigen Antworten?

1. Bei welcher Gelegenheit ist Olikpok fast erfroren?

   a) Beim Schlitten fahren
   b) Beim Einkaufen
   c) Beim Jagen

2. Was bedeutet der Name „Olikpok“ auf Inuktitut?

   a) Schüttelfrost
   b) Fieber
   c) Schweißausbruch

Lösung: 1c, 2a